国家级职业教育规划教材
全国高等职业院校会计专业教材

审计实务

李町茵 主编

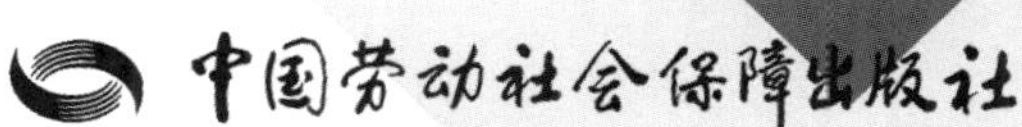

简　介

本书介绍了审计实务的相关知识，内容包括审计基础知识、内部控制与内部控制评价、销售与收款循环审计、采购与付款循环审计、生产与存货循环审计、筹资与投资循环审计、货币资金审计、审计报告与管理建议书的编制。本书内容深浅得当，难易适中，结合丰富的案例，通俗而较全面地讲解了审计实务的基本原理和基本方法，贴近高等职业院校会计专业教学实际。

本书由李町茵任主编，白宏俊、董文军任副主编，叶瑞燕、欧阳少靖、何天龙、王欣参加编写，赵秀云任主审。

图书在版编目(CIP)数据

审计实务/李町茵主编. --北京：中国劳动社会保障出版社，2023
全国高等职业院校会计专业教材
ISBN 978-7-5167-5842-7

Ⅰ. ①审…　Ⅱ. ①李…　Ⅲ. ①审计学-高等职业教育-教材　Ⅳ. ①F239.0

中国国家版本馆 CIP 数据核字(2023)第 090418 号

中国劳动社会保障出版社出版发行
（北京市惠新东街 1 号　邮政编码：100029）
*
北京市白帆印务有限公司印刷装订　　新华书店经销
787 毫米×1092 毫米　16 开本　12.25 印张　232 千字
2023 年 7 月第 1 版　　2023 年 7 月第 1 次印刷
定价：30.00 元

营销中心电话：400-606-6496
出版社网址：http://www.class.com.cn
http://jg.class.com.cn

前言

近年来，随着我国经济和社会发展，会计准则及相关法规发生了一定的调整和变化，社会对会计人员的知识水平和职业能力水平提出了更高的要求。为适应这些变化，培养更加符合市场需求的会计人才，我们组织了一批教学经验丰富、实践能力强的一线教师和行业、企业专家，基于会计、出纳、审计等工作岗位的要求，在充分调研的基础上，编写了这套全国高等职业院校会计专业教材。

本套教材主要有以下几个特点：

第一，理实结合，先进实用。教材本着学以致用的原则，紧贴会计专业最新的培养目标和教学实际，并参考会计、审计等相关职业资格的要求安排教材的结构和内容，将理论知识与操作技能有机融合，突出对学生实际操作能力的培养，使教材具有较强的实用性、针对性和先进性。部分教材采取了任务驱动的编写思路，按照以能力培养为主线、相关知识为支撑的模式安排教学内容，做到“理论学习有载体，技能训练有实体”。

第二，表现力丰富。本套教材设置了“案例解析”“知识窗”等栏目，增加教材的趣味性和可读性，激发学生的学习兴趣。同时，尽可能多地以图表代替冗长的文字叙述，使教材更加生动直观，易于学习。在版式设计上，本套教材采用双色排版，使教材中的单据、凭证与会计工作实务保持一致，便于开展教学。

第三，配套资源完善。本套教材同步开发了配套的电子课件及习题册，电子课件及习题册答案可登录技工教育网（http://jg. class. com. cn）搜索下载。部分教材针对教学重点和难点制作了演示视频等多媒体素材，学生扫描二维码即可在线观看或收听相应内容。

本套教材的编写得到了有关省市人力资源社会保障部门及一批高等职业院校的大力支持，教材的编审人员做了大量的工作，在此，我们表示衷心的感谢！同时，恳切希望广大读者对教材提出宝贵的意见和建议。

人力资源社会保障部教材办公室

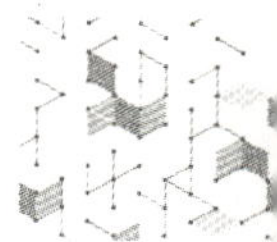

目录

第一章 审计基础知识

学习目标

知识目标

1. 了解审计的产生与发展、审计准则以及注册会计师的法律责任。
2. 理解审计的目标与对象。
3. 理解审计的功能与作用。
4. 熟悉审计的种类、方法与程序。
5. 熟悉审计证据与审计工作底稿。
6. 理解审计计划、审计重要性及审计风险。

能力目标

1. 能够对各种审计的特点进行分析。
2. 能够对审计证据、审计重要性和审计风险进行分析。
3. 能够编制审计工作底稿。

【本章导学】

学习审计，首先需要了解审计究竟是什么，审计的由来与发展是怎样的，审计具有什么样的功能与作用，以及如何确定审计中的重要性水平。最基础的审计是财务报表审计，是审计人员对财务报表是否存在重大错报提供合理保证，为被审计单位的财务报表提供鉴证意见，它可以让报表使用者增加对财务报表的信赖。

财务报表审计通过一系列审计程序检查被审计单位的财务报表是否真实反映了被审计单位的财务状况和经营成果，是否符合所在国家的会计制度规定。在财务报表审计的基础上，又衍生出财经法纪审计、财政财务收支审计、经营效益审计、专项审计等。这些审计和财务报表审计原理相似，都是要检查、确认财务数据是否真实地反映了业务情况，业务是否符合相关法律法规。或者说，审计是为了厘清业务、财务数据和相关法律法规三个要素的关系。审计对象即与财务数据相关的被审计单位的业务活动。

思维导图

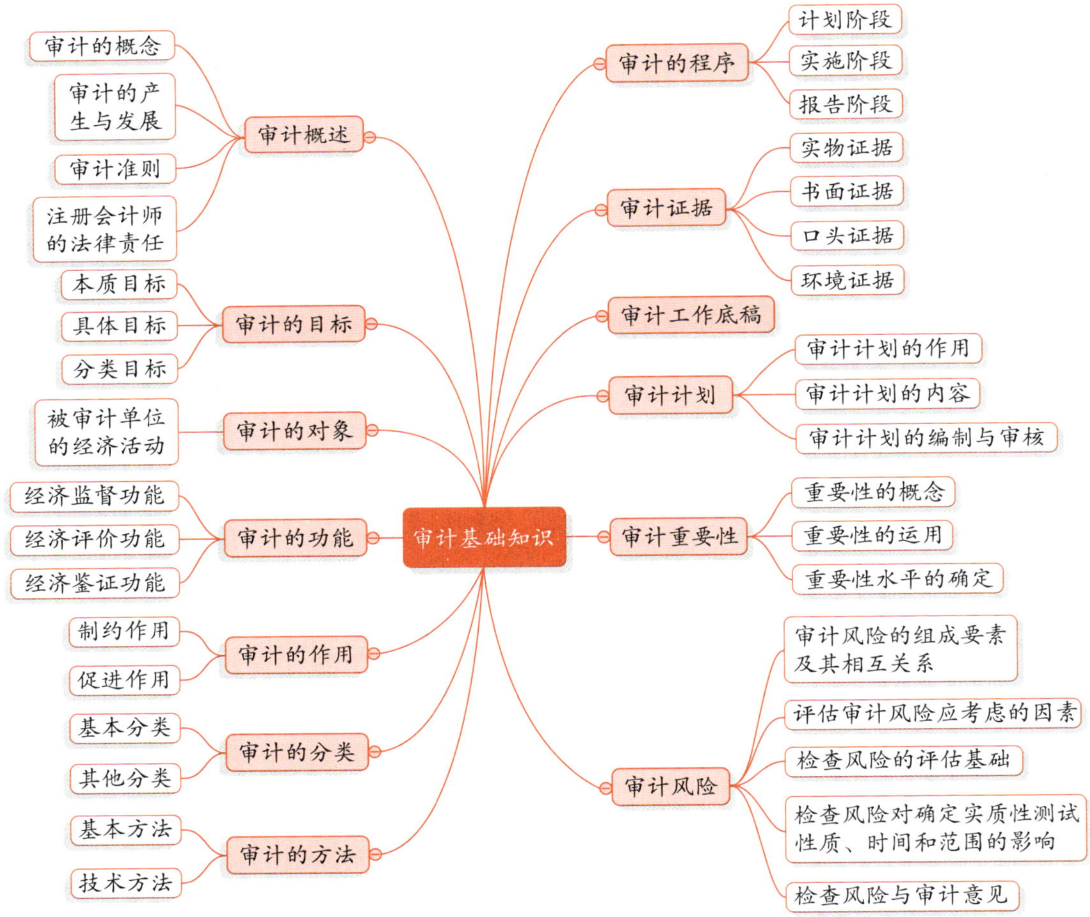

- 审计基础知识
  - 审计概述
    - 审计的概念
    - 审计的产生与发展
    - 审计准则
    - 注册会计师的法律责任
  - 审计的目标
    - 本质目标
    - 具体目标
    - 分类目标
  - 审计的对象
    - 被审计单位的经济活动
  - 审计的功能
    - 经济监督功能
    - 经济评价功能
    - 经济鉴证功能
  - 审计的作用
    - 制约作用
    - 促进作用
  - 审计的分类
    - 基本分类
    - 其他分类
  - 审计的方法
    - 基本方法
    - 技术方法
  - 审计的程序
    - 计划阶段
    - 实施阶段
    - 报告阶段
  - 审计证据
    - 实物证据
    - 书面证据
    - 口头证据
    - 环境证据
  - 审计工作底稿
  - 审计计划
    - 审计计划的作用
    - 审计计划的内容
    - 审计计划的编制与审核
  - 审计重要性
    - 重要性的概念
    - 重要性的运用
    - 重要性水平的确定
  - 审计风险
    - 审计风险的组成要素及其相互关系
    - 评估审计风险应考虑的因素
    - 检查风险的评估基础
    - 检查风险对确定实质性测试性质、时间和范围的影响
    - 检查风险与审计意见

第一节 审计概述

一、审计的概念

审计是由国家授权或接受委托的专门机构和人员，依照国家法律法规、审计准则和会计理论，运用专门的方法，对被审计单位的财政、财务收支，经营管理活动及其相关资料的真实性、正确性、合规性、合法性、效益性进行审查和监督，确定经济责任，鉴证经济业务，以维护财经法纪、改善经营管理、提高经济效益的一项独立性经济监督活动。

二、审计的产生与发展

审计是社会经济发展到一定阶段的产物，是在受托经营、受托管理所形成的经济责任关系下，基于经济监督的需要而产生的。在社会经济发展的各个阶段，由于生产力发展水平不同，社会经济管理方式不同，审计的广度、深度和形式也各有不同。

知识链接

在生产力水平低下的原始社会，财产的所有者同时又是财产的管理者，因此不需要进行监督。随着社会生产力的提高和社会经济的发展，经济组织规模扩大，财产的所有者难以直接管理其所拥有的财富，就需要授权或委托他人代为管理和经营，这就导致了财产所有权与经营管理权的分离，从而产生了委托和受托代理之间的经济责任关系，这就为以监督检查为职责的审计的产生奠定了基础。

不同社会经济发展阶段产生了三种类型的审计，即国家审计（政府审计）、社会审计和内部审计，其主要区别是审计主体不同，如图 1-1 所示。

国家审计 → 社会审计 → 内部审计

图 1-1 不同社会经济发展阶段产生的三种类型的审计

1. 国家审计

审计的最初形态是官厅审计，即国家审计（政府审计）。在奴隶社会和封建社会，由于社会生产力的发展、国家疆土的扩大与财富的增多，国王（或皇帝）分封王族、功臣和贵族到各地做诸侯。这些诸侯受命于国王，管理国王的土地，并向国王交纳一定的贡赋。这种所有权与经营权的分离就是国家授权管理的开始。它使国王与诸侯之间不仅存

在政治依附关系，也出现了经济责任关系。官厅审计工作正是基于这种经济关系而产生的，也就是现在所说的国家审计。

2. 社会审计

社会审计最早产生于合伙制企业出现后。企业合伙人授权或委托部分合资者管理企业，并需要监督检查经营管理者履行合伙契约的情况。企业的所有权与管理权有了一定程度分离，需要委托第三者审查，这样就导致了审计组织这种中介组织的诞生。这种受托经济责任关系是不断发展与演进的，它是形成社会审计的客观基础。

3. 内部审计

由于社会的发展、科学技术的进步，不仅企业、事业单位及行政管理机关的规模越来越大，经济活动内容也更加广泛、多变，这就导致了授权管理方法的普遍使用、授权层次的增加和授权范围的扩大。企业的最高层管理者就有必要对其下属各层次管理者履行职责的情况进行监督检查，企业的内部审计也就由此产生。

想一想：国家审计、社会审计、内部审计有什么区别与联系？

审计的产生与发展有其规律。在早期的发展过程中，以国家审计为主。只有当经济发展到一定程度，出现了复杂的经济关系及多样的需求，才逐步出现社会审计和内部审计。本书主要讲述我国审计的发展，具体见表 1-1。

表 1-1 我国审计的发展

<table>
<tr><th>类型</th><th>阶段</th><th>分期</th><th>发展情况</th><th>说明</th></tr>
<tr><td rowspan="7">国家审计</td><td rowspan="7">古代</td><td>西周</td><td>设立“宰夫”一职</td><td>标志着审计的诞生</td></tr>
<tr><td>秦汉</td><td>秦制定御史监察制度，汉承秦制并制定“上计律”</td><td>审计、会计由合一而渐次分离，审计走向独立。“上计律”使审计与法相联系，成为审计立法的开端</td></tr>
<tr><td>隋唐</td><td>刑部下设比部，作为独立的审计组织，独立于财政部门，行使司法审计检察权</td><td>比部的出现标志着古代审计制度的定型</td></tr>
<tr><td>宋朝</td><td>北宋设立诸军诸司专勾司等机构，专查军政开支
南宋改专勾司为审计院</td><td>审计成为我国审计机构的名称、财政财务监督的专用名词</td></tr>
<tr><td>元朝</td><td>户部行使部分审计职能</td><td rowspan="2">基本未设专门审计机构，审计处于衰落时期</td></tr>
<tr><td>明清</td><td>监察御史与六科给事中（合称为“科道官”）行使部分审计职能</td></tr>
</table>

续表

<table>
<tr><th>类型</th><th>阶段</th><th>分期</th><th>发展情况</th><th>说明</th></tr>
<tr><td rowspan="12">国家审计</td><td rowspan="4">近代</td><td>1912 年</td><td>民国政府设立中央审计处，公布审计法规</td><td rowspan="3">审计法规较为完备</td></tr>
<tr><td>1914 年</td><td>审计处改为审计院，发布《审计法》</td></tr>
<tr><td>1931 年</td><td>改审计院为审计部，隶属监察院</td></tr>
<tr><td>1921—1949 年</td><td>中国共产党领导下的革命组织和根据地工农政权中也实行了审计制度</td><td>既有一定的审计组织，也发布了一些审计法规</td></tr>
<tr><td rowspan="8">现代</td><td>1949—1984 年</td><td>学习苏联，以会计检查取代审计，无独立审计机构</td><td></td></tr>
<tr><td>1983 年</td><td>国务院设立审计署，县以上的各级人民政府相继成立审计局，独立行使审计监督权</td><td></td></tr>
<tr><td>1984 年</td><td>中国审计学会成立</td><td></td></tr>
<tr><td>1988 年</td><td>发布《中华人民共和国审计条例》</td><td></td></tr>
<tr><td>1994 年</td><td>发布《中华人民共和国审计法》</td><td>对审计监督的基本原则、审计机关和审计人员、审计机关职责、审计机关权限、审计程序、法律责任等做了全面规定</td></tr>
<tr><td>1997 年</td><td>发布《中华人民共和国审计法实施条例》</td><td></td></tr>
<tr><td>2006 年</td><td>对《中华人民共和国审计法》进行第一次修正</td><td></td></tr>
<tr><td>2021 年</td><td>对《中华人民共和国审计法》进行第二次修正</td><td></td></tr>
<tr><td rowspan="6">社会审计</td><td rowspan="3">近代</td><td rowspan="2">1918 年</td><td>北洋政府发布《会计师暂行章程》</td><td></td></tr>
<tr><td>中国第一家会计师事务所成立，接受委托执行审计工作</td><td></td></tr>
<tr><td>1927 年起</td><td>陆续发布《会计师注册章程》《会计师章程》等文件</td><td>规范了社会审计的业务范围和要求</td></tr>
<tr><td rowspan="3">现代</td><td>1979 年起</td><td>全国各地陆续设立会计顾问处</td><td></td></tr>
<tr><td>1983 年</td><td>审计部门领导下的审计师事务所在全国陆续组建</td><td></td></tr>
<tr><td>1985 年</td><td>发布《中华人民共和国会计法》</td><td>中华人民共和国成立后第一次通过法律形式对注册会计师的地位和任务作出规定</td></tr>
</table>

续表

类型	阶段	分期	发展情况	说明
社会审计	现代	1986 年	发布《中华人民共和国注册会计师条例》	推动我国注册会计师工作的发展和规范化
社会审计	现代	1993 年	发布《中华人民共和国注册会计师法》	
社会审计	现代	1995 年起	我国社会审计事业逐步走上了统一发展的道路	
内部审计	古代		主要有皇室审计、寺院审计等	
内部审计	近代		民国时期，铁路、银行系统有较全面的内部稽核制度	
内部审计	现代	中华人民共和国成立初期	我国一些大型企业设有内部审计部门和专职审计人员	
内部审计	现代	20 世纪 50 年代初期	全面学习苏联后撤销各内部审计部门	
内部审计	现代	1983 年起	逐步建立起内部审计制度	
内部审计	现代	1985 年	发布《审计署关于内部审计工作的若干规定》等规章制度	促进内部审计机构的发展和工作的开展
内部审计	现代	1987 年	成立中国内部审计学会	
内部审计	现代	1994 年	发布《中华人民共和国审计法》	要求建立健全内部审计制度
内部审计	现代	1995 年	发布《审计署关于内部审计工作的规定》	进一步规范了我国内部审计工作
内部审计	现代	2002 年	中国内部审计学会更名为中国内部审计协会，先后制定发布了《内部审计基本准则》《内部审计人员职业道德规范》等具体准则	规范了中国内部审计准则体系，奠定了我国内部审计国际化的基础
内部审计	现代	2004 年	公布《中央企业内部审计管理暂行办法》	规范了中央企业的内部审计工作
内部审计	现代	2018 年	发布修订的《审计署关于内部审计工作的规定》	

纵观审计的发展历史可以看出，受托经济责任关系内涵的丰富和范围的扩大，不仅促进了国家审计、社会审计和内部审计的全面发展，而且加速了审计目的、审计特征、审计体系、审计内容、审计方法和审计规范方面的变化，促进了现代审计的形成。

想一想：审计最初的形式是什么？

三、审计准则

1. 审计准则的概念

审计准则是由权威机构认可的、用以明确审计主体资格和指导审计人员工作的专业规范。审计准则在内容上明确了审计主体的资格要求，规定了审计人员在审计业务中可以做什么，不可以做什么。因此，审计准则是一种规范，是关于审计主体资格及其行为的专业规范。它不仅可以指导审计人员开展审计工作，而且还为判断审计工作质量的好坏，判断审计报告真实、公允与否提供依据。

2. 审计准则的分类

根据审计主体的不同及审计准则作用范围的不同，审计准则可以分为民间审计准则、政府审计准则和内部审计准则，如图 1-2 所示。

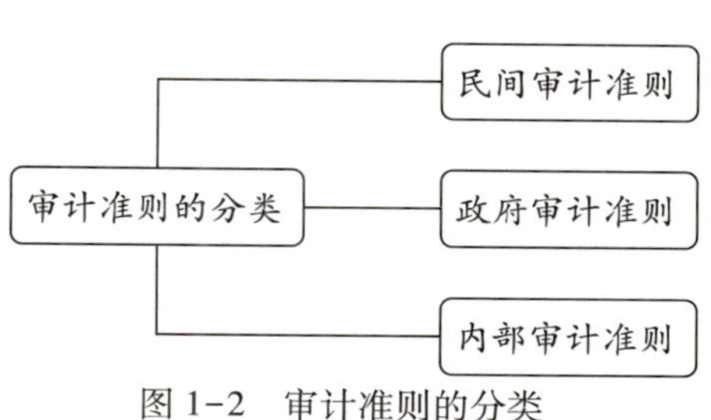

图 1-2　审计准则的分类

民间审计准则是规范民间审计的行为规范，政府审计准则是规范政府审计的行为规范，内部审计准则是规范内部审计的行为规范。虽然它们规范的主体不一样，但是存在着相同的基本特征。

3. 审计准则的作用

审计准则在各国审计界受到重视，不仅是因为它在审计实务中发挥着重要的指导性作用，还因为它的作用范围已经超过了审计业务工作的范围，对整个审计事业的发展起到了促进作用，这具体体现在以下几个方面：

（1）有利于实现审计工作规范化。

（2）为评价审计工作质量提供了衡量尺度。

（3）有利于维护社会公众和审计人员的正当权益。

（4）可以促进审计经验交流，提高审计工作水平。

四、注册会计师的法律责任

1. 注册会计师法律责任的概念

如果注册会计师在承办业务的过程中未能履行合同条款，或者未能保持应有的职业谨慎，或者故意未按专业标准出具合格报告，致使审计报告使用者遭受损失，那么注册会计师或注册会计师事务所应依照有关法律法规承担相应法律责任，这些法律责任就是注册会计师法律责任。

2. 注册会计师法律责任的分类

按照所应承担责任的内容不同，注册会计师的法律责任可分为行政责任、刑事责任和民事责任三种责任。这三种责任可以同时追究，也可以单独追究，其具体内容见表 1-2。

表 1-2　注册会计师的三种法律责任

分类	具体内容
行政责任	单位、直接负责的主管人员以及其他直接责任人员如有违法行为，尚不构成犯罪的，应处以罚款。如果违法人员属于国家工作人员，还应当由其所在单位或者有关单位依法给予行政处分
刑事责任	注册会计师的违法行为如构成犯罪，要依法追究其刑事责任。《中华人民共和国刑法》规定，单位和会计人员因会计方面的违法行为可能构成以下几种犯罪：妨害对公司、企业的管理秩序罪、破坏金融管理秩序罪、危害税收征管罪、贪污贿赂罪等
民事责任	《中华人民共和国证券法》《中华人民共和国注册会计师法》及最高人民法院作出的相关司法解释都对违法主体应承担的民事责任作了明确规定。会计师事务所违反规定，为企业出具虚假验资证明，给委托人、其他利害关系人造成损失的，应当承担相应的民事赔偿责任

知识链接

“银广夏”造假事件

“银广夏”即广夏（银川）实业股份有限公司。1994年，该公司在深圳证券交易所上市，公司主营业务是软磁盘生产。天津广夏集团有限公司（以下简称“天津广夏”）是“银广夏”在天津成立的控股子公司。“银广夏”2000年初发布公告称，当年“天津广夏”向德国诚信贸易公司出口高额的化工产品。此后又宣称与该公司签订了巨额供货协议。

《财经》杂志记者对此事进行了深入调查，最后查明，与“天津广夏”签订订单的德国诚信贸易公司仅是一个小公司，根本没有能力与“天津广夏”签订如此大的订单。从天津海关取得的证据表明，“天津广夏”提供的报关单根本就不存在。因此，“天津广夏”的高额出口纯属子虚乌有，是一场彻头彻尾的骗局。

值得深思的是，对“银广夏”进行年度报表审计的深圳中天勤会计师事务所却对“银广夏”提供的财务数据深信不疑，在年度利润和每股收益不合常理的情况下，为该公司1999年与2000年的年度报表出具了严重失实的审计报告。在事件真相大白后，“银广夏”崩溃，进入“PT”公司的行列。深圳中天勤会计师事务所这个全国最大的会计师事务所解体，签字的注册会计师被吊销注册会计师证书，有关人员被司法机关追究刑事责任。

第二节　审计的目标与对象

一、审计的目标

1. 审计目标的概念

审计目标是指人们在特定的社会历史环境中，期望通过审计活动达到的最终结果，或者说是指审计活动的目的与要求。

一般来说，各类审计目标都必须满足其服务领域的特殊需要。无论是国家审计、内部审计还是社会审计，它们都具有各自相对独立的审计目标。审计目标的确定，除受审计对象的制约以外，还取决于审计的社会属性、审计的基本职能以及审计授权者或委托者对审计工作的要求。同时，审计目标规定了审计的基本任务，决定了审计的基本过程和应办理的审计手续。

2. 审计目标的层次

审计目标是一个多维目标体系，包括本质目标、具体目标和分类目标三个层次，如图 1-3 所示。

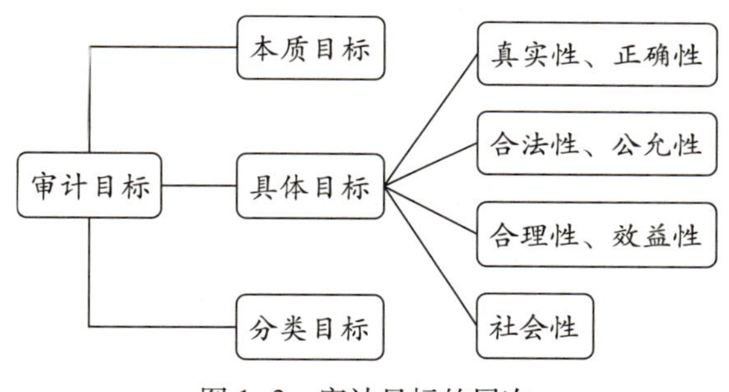

图 1-3　审计目标的层次

（1）审计的本质目标

审计的本质目标是评价审计委托人经济责任的履行情况。从历史发展过程来看，为了适应审计委托人审计目的的需要，审计的本质目标是在不断变化和扩展的。为了达到审计本质目标，审计人员必须审查财务报表的各个项目及有关资料，获取必要的审计证据。

（2）审计的具体目标

审计的具体目标包括审查被审计单位会计资料及其他资料的真实性和正确性、合法性和公允性，管理活动的合理性和效益性，以及符合社会整体利益需要的社会性。审计具体目标是审计本质目标的具体化。

（3）分类审计目标

分类审计目标是审计具体目标的进一步细化。随着社会经济的发展，形成了相互制

约的受托经济责任体制。在这种经济责任体制的基础上，形成了多种审计机构并存、多种审计类型并存、多种审计关系并存的局面。审计目标随之呈现多元化局面，也就产生了不同的分类审计目标。

想一想：在审计过程中，为什么要确定好审计目标？

二、审计的对象

审计所要审查的客体是审计的对象，如被审计单位的财政财务收支情况、有关的经营管理活动、作为这些经济活动信息载体的财务报表及其他有关资料。正确认识审计的对象，有利于准确理解审计概念，正确运用审计方法，进一步发挥审计监督职能。

审计对象可以概括为被审计单位的经济活动，具体包括两个方面的内容，见表1-3。

表1-3　审计的对象

审计的对象	具体内容
被审计单位的财政、财务收支及有关的经济活动	不论是国家审计、社会审计还是内部审计，都要求以被审计单位的财政、财务收支及有关经济活动为审计对象，对其真实性、合法性、效益性进行审查和评价。主要包括：财政预算和决算、信贷计划及其执行情况、财政财务收支计划及其执行情况、与财政财务收支有关的各项经济活动及其经济效益等。被审计单位有关经济活动是与该单位生产经营管理和财产物资有关的活动
被审计单位提供的各种财政、财务收支信息及有关经济活动信息的载体	财政、财务收支状况及有关经济活动总是以一定的载体来反映，一般通过会计、统计和业务核算记录及预算、计划、方案、合同等资料的文本，或者电子计算机上使用的光盘、磁盘等来体现，因此各单位的会计资料及其他有关经济资料就成为主要的审计对象

会计资料和其他有关经济资料是审计的具体对象，其反映的被审计单位的财政、财务收支及有关经济活动是审计对象的本质。

第三节　审计的功能与作用

一、审计的功能

审计的功能是其本身所固有的内在职能。审计有经济监督功能、经济评价功能和经济鉴证功能，其中经济监督功能是审计的基本功能。

1. 经济监督功能

监督是监察和督促的统称。经济监督主要是指通过对被审计单位的财政、财务收支

及有关经济活动真实性、合法性和效益性的审查，指出错误和弊端，监督被审计单位或个人遵守财经法纪，履行经济责任。

2. 经济评价功能

经济评价功能是从传统审计功能的基础上扩展而成的现代审计功能。经济评价是指审计人员对被审计单位的财政、财务收支及有关经济活动进行审核检查后，就其预算、计划、方案和经济决策是否先进可行，执行情况如何，经济效益高低优劣，以及内部控制制度是否健全、严谨、有效等内容给出评价，为有关方面提供决策信息，并针对性地提出合理化意见和建议的过程。经济效益审计就是典型的经济评价功能的体现。

3. 经济鉴证功能

鉴证包括鉴定和证明两层含义，经济鉴证功能是在传统审计功能的基础上扩展而成的现代审计功能。经济鉴证是指外部审计机构或人员依法对被审计单位的会计资料及其他经济资料所反映的财政、财务收支及有关经济活动的真实性、合法性和效益性进行审查，对其进行客观公正的鉴证，以取得国家及社会各方面的公认，并将鉴证结果作为确定经济责任、解除经济责任和依法处理的依据的过程。

想一想：经济监督功能、经济评价功能、经济鉴证功能是不是相当于经济卫士、经济医师、经济裁判的功能呢？

二、审计的作用

1. 审计的制约作用

审计的制约作用体现在两个方面，一是揭露错误和弊端，二是维护财经法纪。

审计人员通过对被审计单位的财政、财务收支活动及经营管理活动实施审核检查，进行经济监督和鉴证，揭露贪污舞弊、弄虚作假、偷税漏税、损失浪费的不良行为，打击各种经济犯罪活动等，保证国家的各项方针、政策和法律法规得以贯彻执行，保证被审计单位报出的各种信息资料准确。这样可以保护国家财产和所有者财产的安全与完整，避免被审计单位的经济活动误入歧途，维护市场经济秩序，确保社会经济的正常运转。

2. 审计的促进作用

审计的促进作用体现在三个方面，一是改善经营管理，二是提高经济效益，三是加强宏观调控。

审计人员通过对被审计单位实施审核检查，可以给出客观、公正的评价，指出合法合规的方面，对不合法、不合规的方面提出改进意见和切实可行的建议，以提高经济效益和社会效益，促进内部控制制度的建设和完善、社会经济的健康运行和各种经济利益关系的正确处理。

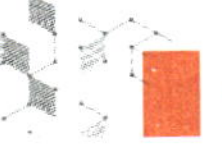

练一练（多项选择题）

审计的作用体现在其发挥的功能和产生的影响，具体包括（　　）。

A. 保证作用　　B. 促进作用　　C. 揭示作用

D. 制约作用　　E. 调控作用

第四节 审计的分类、方法与程序

一、审计的分类

审计的分类如图 1-4 所示。

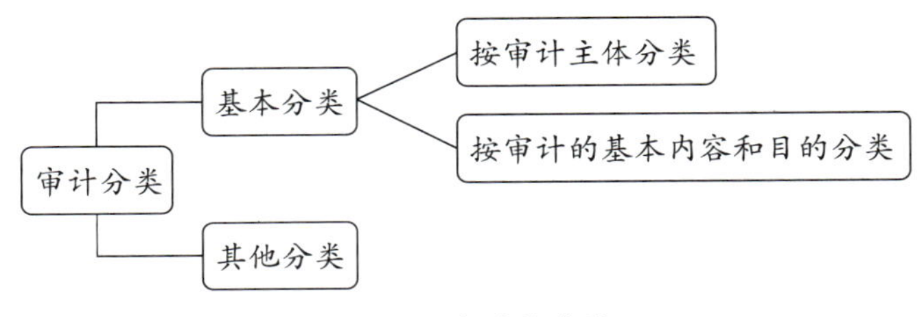

图 1-4　审计的分类

1. 审计的基本分类

（1）按审计主体分类

审计主体是指具有并行使审计职权的组织机构和审计人员，它是审计行为的执行者。按审计主体不同，审计可分为政府审计、社会审计、内部审计，见表 1-4。

表 1-4　按审计主体划分的审计类型

类型	具体内容
政府审计	政府审计又称国家审计，是指由政府审计机构实施的审计。我国的政府审计机构分中央和地方两个层次。国务院设审计署，各省（自治区、直辖市）、市、县设审计厅（局）。政府审计机构依法对国务院各部门和地方各级人民政府、国有企事业单位的财政、财务收支情况和经济效益进行审查、监督
社会审计	社会审计又称独立审计、注册会计师审计，是指依法成立的社会审计组织，即由经政府有关部门同意设立的会计师事务所实施的审计。社会审计组织接受委托，依法就被审计单位的财政、财务收支及其经济效益承办审计鉴证、注册资本验证和年检等业务
内部审计	内部审计是指部门、单位内部专设的审计机构或人员对本部门、本单位及下属单位的财政、财务收支情况和经济效益实施的审计，目的是查错防弊，改善经营管理，提高经济效益

（2）按审计的基本内容和目的分类

按审计的基本内容和目的不同，审计可以分为财政财务收支审计、财经法纪审计、经济效益审计，见表1-5。

表1-5　按审计的基本内容和目的划分的审计类型

类型	具体内容
财政财务收支审计	财政财务收支审计又称常规审计，是指对被审计单位财政、财务收支的真实性和合法合规性实施的审查，旨在纠正错误、防止舞弊
财经法纪审计	财经法纪审计是指对被审计单位和个人严重侵占国家和他人资产、严重损失浪费、失职以及其他严重损害国家和他人经济利益等违反财经法纪的行为实施的专项审计
经济效益审计	经济效益审计是指对被审计单位经济活动的效率、效果和效益状况实施的审查、评价，目的是促进被审计单位提高人、财、物等各种资源的利用效率，增强盈利能力，实现经营目标，又称为绩效审计

2. 审计的其他分类

按审计时间不同，审计可分为事前审计、事中审计、事后审计。按审计范围不同，审计可分为全面审计、局部审计、专项审计。按审计执行地点不同，审计可分为就地审计、送达审计。

全面审计是指对被审计单位一定时期内经济活动的各个方面进行的审计，审计内容主要包括财政、财务收支和经济效益等。这种审计涉及的范围宽，包含被审计单位全部的业务。年终的财务审计、经济责任审计均属于全面审计。

局部审计是对被审计单位一定期间的财政、财务收支或经营管理活动的某些方面及其资料进行的部分的、有目的的和重点的审计，如对企业进行的现金审计、银行存款审计，以及对贪污盗窃、偷税漏税等进行的部分审计。

专项审计是指专门对某一项目进行的审计。其审计的范围比局部审计小。例如，对某企业亏损情况进行真实性审计，是将核实该企业经营状况及财务成果作为一个专题项目进行审查。

就地审计是指审计机构指派审计小组或审计人员到被审计单位所在地进行的审计。就地审计既可以减少资料的往返传递，节省时间，保证资料的安全完整，又便于深入现场，调查了解实际情况。

送达审计是就地审计的对称，又称报送审计、送请审计。这种审计一般由国家审计机构在对政府机关和事业单位的财务审计中实施。送达审计主要用于规模较小、收支不大、核算简单的单位。

二、审计的方法

审计人员为了获取审计证据，以证实被审计事项，发表审计意见，需要采取各种手段，这些手段就称为审计方法。审计方法体系如图 1-5 所示。

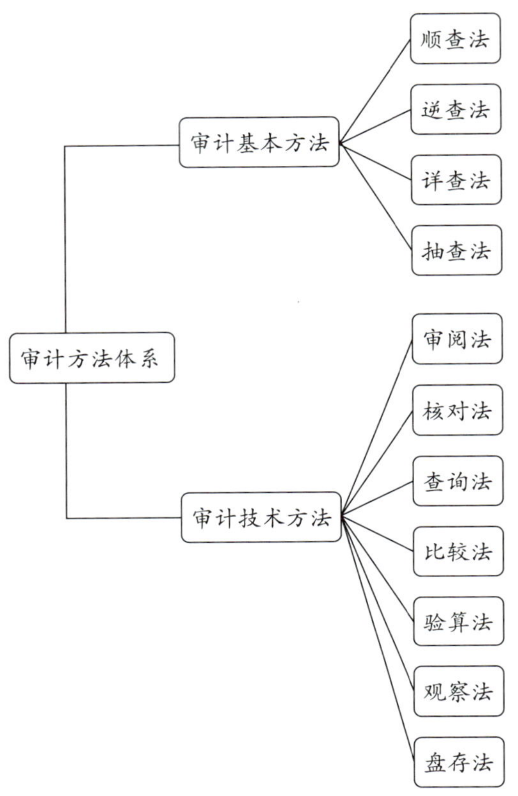

图 1-5　审计方法体系

1. 审计基本方法

（1）顺查法

顺查法是按照经济业务发生的先后顺序，依次从起点查到终点的审计方法。对会计资料的审查通常按照会计核算程序的先后顺序，依次审核和分析凭证、账簿和报表。顺查法的操作流程如图 1-6 所示。

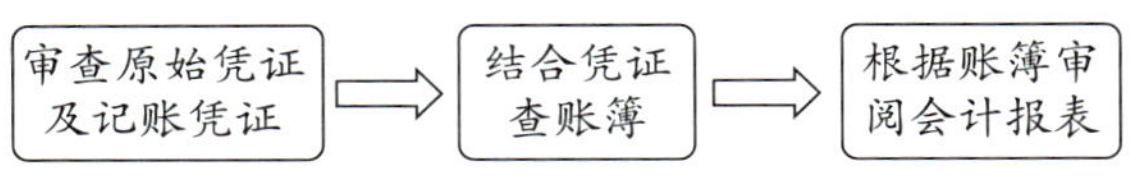

图 1-6　顺查法的操作流程

这种方法的主要优点是简便易行。它按记账程序逐一、仔细地核对，审计内容详细，账务上的错误和弊端一般可以毫无遗漏地被揭露出来，审计结果较为可靠。其缺点是事无大小都同等对待，往往把握不好重点和主次方向。而且，它着重对证、账、表的机械

核对，费时费力，可能因小失大。因此，顺查法一般适合对规模较小、业务不多的单位审计时采用。

（2）逆查法

逆查法是按照经济业务发生的相反顺序，依次从终点查到起点的审计方法。在审计中，通常按照与会计核算程序相反的次序进行审计。逆查法的操作流程如图 1-7 所示。

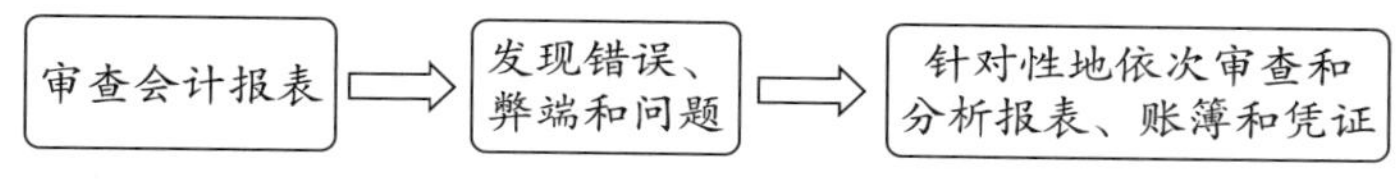

图 1-7 逆查法的操作流程

这种方法的主要优点是从大处着手，审计面较宽，审查的重点和目的比较明确，易于查清主要问题，效率较高。其不足之处是着重审查分析报表并据以重点逆查账目，可能遗漏某些重要的问题，难以揭露错误和弊端。逆查法难度较大，对审计人员业务素质要求较高。

实践中常将顺查法和逆查法结合起来运用。采用逆查法时，对于需要了解的部分内容可兼用顺查法详细核查；采用顺查法时，对于重要事项也可兼用逆查法，以免遗漏。

（3）详查法

详查法是指对被审计单位在被审计期内的全部证、账、表或某一重要（或可疑）项目所包括的全部记录进行全面、详细审查的审计方法。这种方法的优点是，掌握情况全面、详细、准确，一般不会发生遗漏，审计质量能够较好地得到保证。其缺点是，工作量太大，工作效率低，耗费时间长，成本高。实践中一般不采用此种方法，只是对某些问题特别严重、必须彻底清查的单位（如发生重大贪污、严重违反财经法纪的单位）才使用这种方法。

（4）抽查法

抽查法是指从被审计单位的审计对象中抽取一部分进行审查，根据审查结果推断审计对象总体有无错误和弊端的审计方法。抽查法的操作流程如图 1-8 所示。

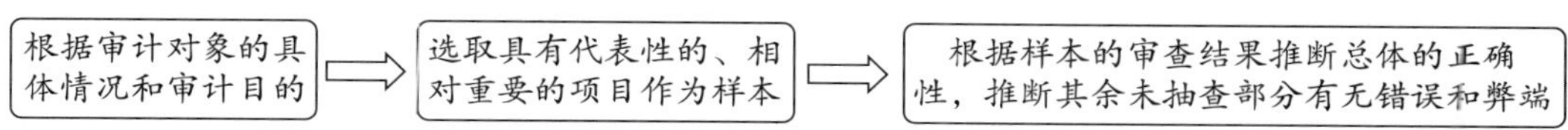

图 1-8 抽查法的操作流程

这种方法的关键在于抽取样本，故又称为抽样法。现代审计多用此法。

抽查法的优点是审查重点明确，如果选对目标，省时省力，具有事半功倍的效果。其缺点是，如果目标和对象选择不当或缺乏代表性，往往不能发现问题，甚至前功尽弃。在财政财务收支审计和财经法纪审计中，抽查法的结果往往不及详查法的结果可靠。抽查法有一定的局限性，实践中常将其与其他方法配合运用。

2. 审计技术方法

审计的技术方法非常多，以下重点介绍审阅法、核对法、查询法。

（1）审阅法

审阅法是对被审计单位有关书面资料进行仔细观察和阅读，以取得审计证据的一种审计技术方法。审阅的技巧是从有关数据的增减变动看有无异常，以判断被审计单位可能在哪些方面存在问题。审阅法的具体内容如图 1-9 所示。

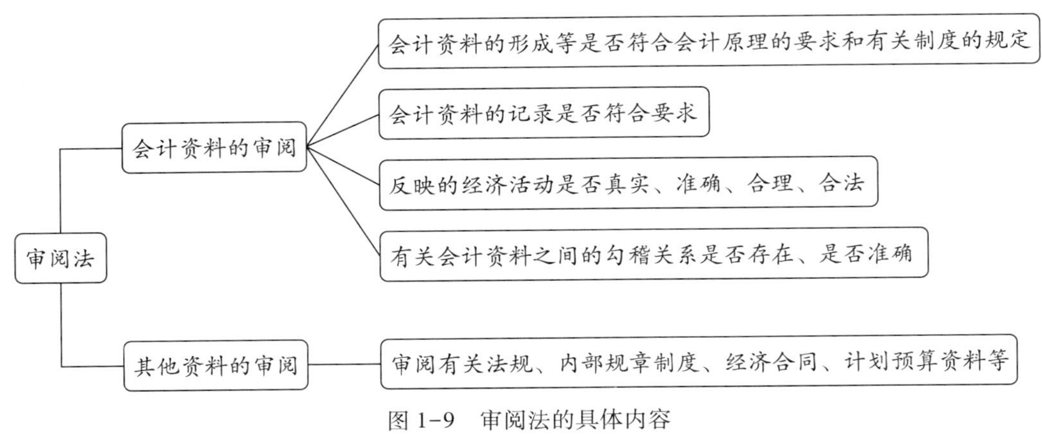

图 1-9　审阅法的具体内容

（2）核对法

核对法是指将书面资料的相关记录进行相互核对，以验证其是否相符的一种审计技术方法。核对法的具体内容如图 1-10 所示。

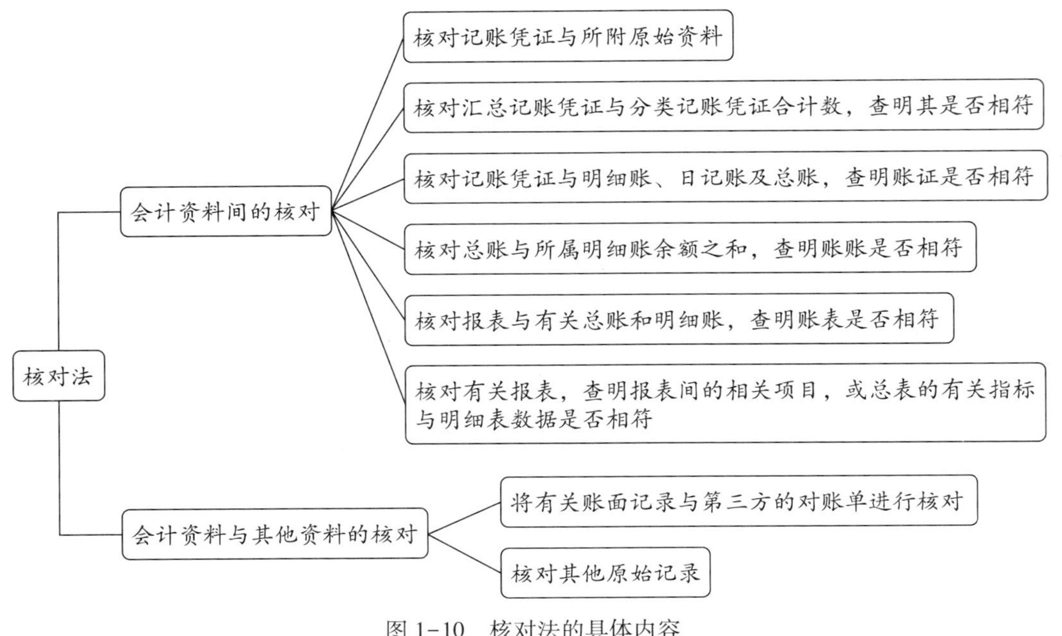

图 1-10　核对法的具体内容

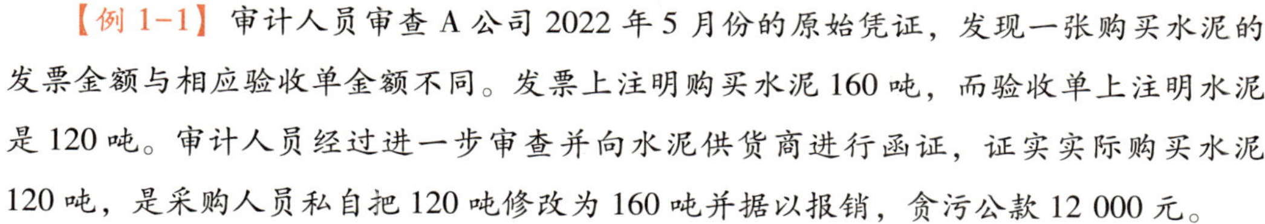

【例 1-1】审计人员审查 A 公司 2022 年 5 月份的原始凭证，发现一张购买水泥的发票金额与相应验收单金额不同。发票上注明购买水泥 160 吨，而验收单上注明水泥是 120 吨。审计人员经过进一步审查并向水泥供货商进行函证，证实实际购买水泥 120 吨，是采购人员私自把 120 吨修改为 160 吨并据以报销，贪污公款 12 000 元。

在本例中，审计人员采用核对法核对相关凭证的有关数据，揭露了舞弊行为。

（3）查询法

查询法是对审计过程中发现的疑点和问题，通过口头询问或质疑的方式弄清事实真相并取得口头或书面证据的一种审计技术方法。对可疑账目或异常情况、内部控制制度、经济效益等的审查，都可以向有关人员提出口头或书面的询问。对一般问题，进行口头或书面询问均可。但对重要问题，应尽量进行书面询问并取得书面证据。书面证据是非常重要的，有时是审计工作成败的最重要因素。

除上面三种技术方法，还有比较法、验算法、观察法、盘存法等，审计人员根据不同的情况会采取多种方法进行审计。

知识链接

随着社会的发展，许多企业会采用会计电算化系统做账。对会计电算化系统进行审计的基本方法有三种。

第一种是用手工审计的方法对会计电算化系统进行审计。审计人员只通过审查输入数据和打印输出的文件对计算机处理的结果进行审计。这一方法手续简单，不需要有专门的电算化技术。

第二种方法是采用计算机对电算化系统进行审计。审计人员需要具有一定的电算化知识，可以直接用计算机技术阅读和审查电算化系统的输入和输出文件，也可以审查电算化系统的处理和控制功能，以评价控制的效果和处理的正确性。

第三种方法也是利用计算机对电算化系统进行审计。与第二种方法的区别在于，审计人员熟练掌握电子计算机技术，能够编制一些审计程序来完成审计工作。

三、审计的程序

审计程序是指从审计人员接受审计任务开始到审计工作结束全过程的工作步骤。审计程序一般包括三个阶段，具体如图 1-11 所示。

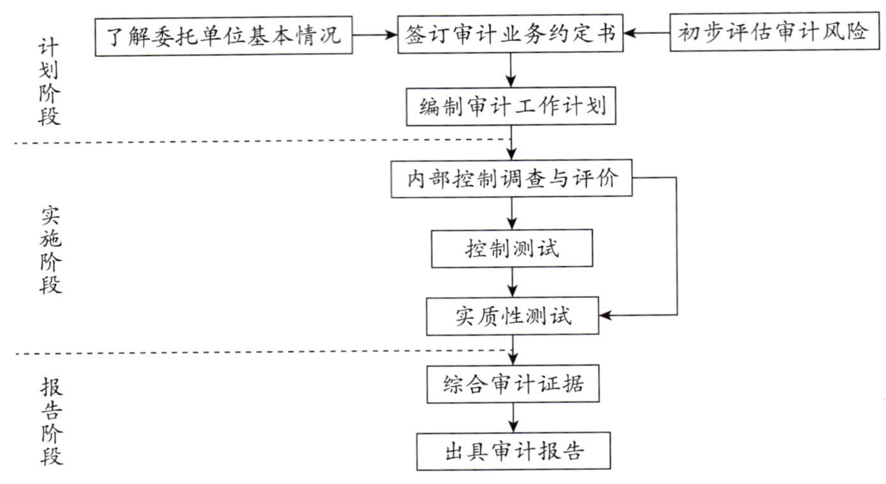

图 1-11　审计程序

1. 审计计划阶段

（1）接受委托，了解委托单位基本情况，初步评估审计风险。

（2）签订审计业务约定书。

【例 1-2】审计业务约定书示例。

甲方：××股份有限公司

乙方：××会计师事务所

兹由甲方委托乙方对 20××年度财务报表进行审计。经双方协商，达成以下约定：

一、业务范围与审计目标（具体内容略，下同）

二、甲方的责任与义务

三、乙方的责任与义务

四、审计收费

五、审计报告和审计报告的使用

六、本约定书的有效期间

七、约定事项的变更

八、终止条款

九、违约责任

十、适用法律和争议解决

十一、双方对其他有关事项的约定

授权代表：（签名、盖章）	授权代表：（签名、盖章）
二〇××年×月×日	二〇××年×月×日

（3）编制审计工作计划。

审计工作计划分为总体计划及具体计划。总体计划大致包括被审计单位的基本情况、审计目的、审计范围、重点会计问题、重点审计领域、审计工作进度、人员分工、重要性水平的确定及审计风险的评估等。具体计划包括审计程序、执行人员、执行日期、审计工作底稿的索引号及其他有关内容。

2. 审计实施阶段

审计实施阶段是审计人员根据审计计划确定的审计范围、审计重点、审计步骤和审计方法，对各审计项目进行详细审查，收集审计证据并进行评价，以形成审计结论、实现审计目标的过程。该阶段的主要工作是审计测试，包括控制测试和实质性测试。

控制测试是指为了取得被审计单位内部控制设计是否存在缺陷、运行是否有效以及是否得到一贯执行的证据所进行的测试。其目的是确定下一步审计工作的范围和重点，促使被审计单位改进内部控制系统、加强管理。它不是必须实施。

实质性测试是指为检查和评价重大交易、账户余额而实施的审计程序，包括细节测试和实质性分析。其目的是通过检查，获取证实财务报表各个项目的金额是否公允的直接证据，同时揭露财务报表中存在的重要错误和弊端。

3. 审计报告阶段

在该阶段，审计人员必须正确进行专业判断，综合收集到的各种证据，根据审计准则形成适当的审计意见，出具审计报告。该阶段工作主要包括四个方面内容：一是整理、评价审计证据，二是复核审计工作底稿，三是编制审计报告，四是编制管理建议书（如需要）。

第五节　审计证据与工作底稿

一、审计证据

1. 审计证据的概念与内容

审计证据是指审计人员为了得出审计结论和形成审计意见而使用的信息。

审计证据的内容如图 1-12 所示。

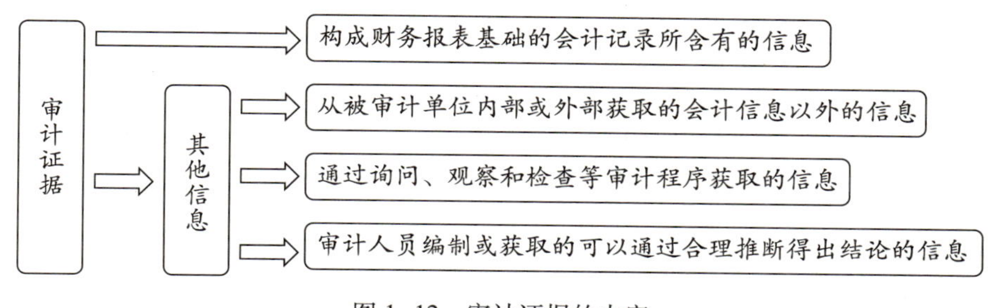

图 1-12　审计证据的内容

2. 审计证据的分类

一般情况下，审计人员所获取的审计证据按其表现形态不同可以分为实物证据、书面证据、口头证据、环境证据，如图 1-13 所示。

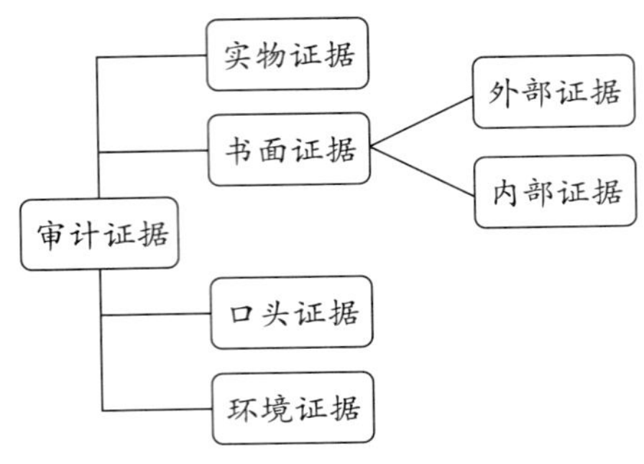

图 1-13　审计证据的分类

（1）实物证据

实物证据是指通过实际观察或清点，确定某些实物资产是否确实存在的证据，它通常是证明实物资产是否存在的非常有说服力的证据。例如，库存现金的数额可以通过有形资产检查加以验证，各种存货和固定资产也可以通过有形资产检查判定其是否确实存在。但实物清点难以判断资产质量、价值，还应就其所有权归属及价值情况另行审计。

（2）书面证据

书面证据是指审计人员获取的各种书面文件形式的证据，包括原始凭证、会计记录（记账凭证、会计账簿、明细表）、会议记录、文件、合同、函件等。书面证据是审计证据中最基本和最大量的，也称为基本证据。书面证据按其来源不同，可分为外部书面证据和内部书面证据。

1）外部书面证据。外部书面证据是由被审计单位以外的机构或人士编制的书面证据，一般具有较强的证明力。外部书面证据如采购业务所取得的购货发票、询证函，或审计人员为证明某个事项而自己动手编制的各种计算表、分析表等。

2）内部书面证据。内部书面证据是由被审计单位内部机构或职工编制和提供的书面证据。内部书面证据一般不如外部书面证据可靠，但如果内部书面证据在外部流转，并得到其他单位或个人的承认，则具有较强的可靠性。如果被审计单位内部控制制度较为健全，其内部书面证据的可靠程度也是较高的。内部书面证据如被审计单位的会计记录，包括记账凭证、会计账簿、各种试算表和汇总表等。会计记录的可靠性主要取决于被审计单位在填写会计记录时内部控制的完善程度等因素。

（3）口头证据

口头证据是指被审计单位职工或其他有关人员对审计人员的提问进行口头答复所形成的证据。一般而言，口头证据可靠性较差，本身并不足以说明事实真相，往往需要得

到其他证据的支持。但它可在一定程度上起到佐证作用，有利于发掘线索。

（4）环境证据

环境证据是指对被审计单位产生影响的各种环境事实，一般包括被审计单位的内部控制情况、管理人员素质、各种管理条件和管理水平等。环境证据一般不属于基本证据，而是一种辅助证据，其证明力较弱。但它可帮助审计人员了解被审计单位经济活动所处的环境，是审计人员进行判断所必须掌握的资料。

练一练

某会计师事务所对 A 公司 2021 年度财务报表进行审计时，收集到下列五组审计证据。请说明每组证据中哪项证据较为可靠。

（1）收料单与购货发票。

（2）销售发票记账联与产品入库单。

（3）银行询证函回函与银行对账单。

（4）工资计算单与工资发放单。

（5）领料单与产品成本计算单。

3. 审计证据的特性

审计人员应当保持职业怀疑态度，运用职业判断方法，评价审计证据的充分性和适当性。审计证据的特性如图 1-14 所示。

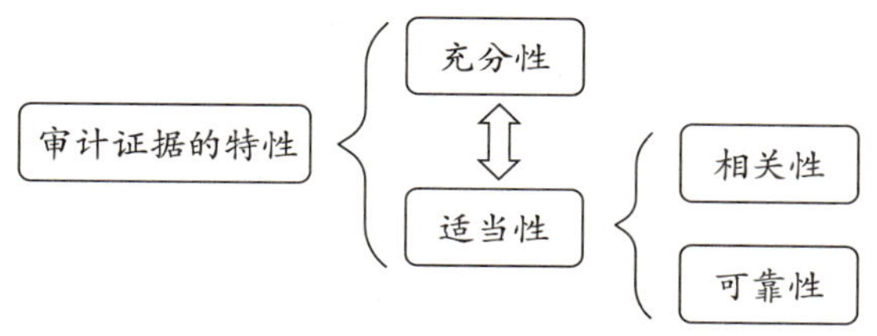

图 1-14　审计证据的特性

（1）审计证据的充分性

审计证据的充分性是对审计证据数量的衡量，主要与审计人员确定的样本量有关。例如，对某一特定审计程序而言，从 200 个样本中获得的证据显然比从 100 个样本中获得的证据更充分。错报风险和审计证据的质量是影响审计证据充分性的主要因素。评估的错报风险越高，则需要的审计证据可能越多；审计证据质量越高，则需要的审计证据可能越少。

例如，审计人员对A计算机公司进行审计，经过分析认为，受被审计单位所属行业性质的影响，存货陈旧的可能性相当高，存货计价的错报可能性就比较大。为此，审计人员在审计中就要选取更多的存货样本进行测试，以确定存货陈旧的程度，从而确认存货的价值是否被高估。

（2）审计证据的适当性

审计证据的适当性是对审计证据质量的衡量。相关性和可靠性是审计证据适当性的核心内容，只有相关且可靠的审计证据才是高质量的。

1）审计证据的相关性。审计证据要有证明力，必须与审计人员的审计目标相关。证据的相关性越强，其质量越高。在确定审计证据的相关性时应考虑以下三个方面的因素：

①特定的审计程序可能只为某些认定提供相关的审计证据，而与其他认定无关。

②与某一特定认定（如存货的存在认定）相关的审计证据，不能替代与其他认定（如该存货的计价认定）相关的审计证据。

③不同来源或不同性质的审计证据可能与同一认定相关。

2）审计证据的可靠性。审计证据的可靠性是指证据的可信程度。例如，审计人员亲自检查存货所获得的证据，就比被审计单位管理层提供给审计人员的存货数据更可靠。证据的可靠性通常与证据提供者的独立程度、提供者的专业水平、证据的直接性与间接性等因素有关。

练一练（单项选择题）

在确定审计证据的可靠性时，下列表述中错误的是（　　）。

A. 以电子形式存在的审计证据比口头形式的审计证据更可靠

B. 从外部独立来源获取的审计证据比从其他来源获取的审计证据更可靠

C. 直接获取的审计证据比推论得出的审计证据更可靠

D. 从复印件获取的审计证据比从传真件获取的审计证据更可靠

二、审计工作底稿

1. 审计工作底稿的概念

审计工作底稿是指审计人员对制订的审计计划、实施的审计程序、获取的相关审计证据以及得出的审计结论作出的记录。审计工作底稿是审计证据的载体，它形成于审计过程，反映整个审计过程。

2. 审计工作底稿的作用

（1）审计工作底稿是联结整个审计工作的纽带。

（2）审计工作底稿是审计人员形成审计结论、发表审计意见的直接依据。

（3）审计工作底稿是明确审计人员的审计责任、评价和考核审计人员的专业能力与工作业绩的依据。

（4）审计工作底稿为审计质量控制与质量检查提供了可能。

（5）审计工作底稿对未来的审计业务具有参考备查价值。

3. 审计工作底稿的内容

审计工作底稿通常包括总体审计策略、具体审计计划、分析表、问题备忘录、重大事项概要、询证函回函、管理层声明书、核对表、有关重大事项的往来信件（包括电子邮件），以及被审计单位文件记录复印件等。

审计工作底稿通常不包括已被取代的审计工作底稿的草稿或财务报表的草稿、对不全面或初步思考的记录、因存在印刷错误或其他错误而作废的文本，以及重复的文件记录等。

4. 审计工作底稿的要素

审计工作底稿的要素见表 1-6。

表 1-6　审计工作底稿的要素

序号	要素	用途说明
1	被审计单位名称	所审核财务报表的编制单位名称
2	审计项目名称	审计程序指向的财务报表项目或会计科目名称
3	审计项目时点或期间	资产负债类项目的报告时点或损益类项目的报告期间
4	审计过程记录	实施的具体测试程序名称、抽取的样本、发现的差异及建议的调整分录
5	审计标识及其说明	审计标识是注册会计师为便于表达审计含义，保持审计工作底稿简洁直观，加快审计工作底稿的编制速度而使用的符号。标识说明的作用是方便他人理解
6	审计结论	在实施具体审计程序后，对某一审计事项所作的专业判断
7	索引号及页次	为整理利用审计工作底稿并保证审计工作底稿在传递过程中的完整性，而对审计工作底稿所定的分类编号（索引号）和顺序编号（页次）
8	编制者姓名及编制日期	加强责任控制
9	复核者姓名及复核日期	加强责任控制
10	其他应说明事项	注册会计师自由决定的内容

5. 审计工作底稿的归档

审计档案对于明确审计责任、评价审计工作质量、为后续审计提供参考具有重要意义。因此，审计工作底稿形成后，审计人员必须按照要求进行归档，形成审计档案。

审计工作底稿的归档期限为审计报告日后60天内。如果审计人员未能完成审计业务，审计工作底稿的归档期限为审计业务中止后的60天内。

第六节 审计计划

审计计划是指审计人员为了完成各项审计业务，达到预期的审计目标，在具体执行审计程序之前编制的工作计划。审计计划一般可分为总体审计计划和具体审计计划。

一、审计计划的作用

1. 为审计人员和审计工作明确方向

一份良好的审计计划为审计人员制定了统一目标，使所有审计人员聚集所有资源朝着一个方向前进，共同努力来完成同一个任务，从而减少内耗，缩短时间，降低审计成本，促进审计任务的顺利完成。

2. 减少重复审计工作

审计计划能够使审计部门在审计项目实施前统一协调各种力量和资源，减少重复审计工作，从而节省审计资源，提高审计工作效率。

3. 减少未来不确定因素的负面影响

审计计划是面向未来的，能够通过周密细致的研究，系统运用各种科学方法手段预测审计工作未来的发展变化，尽可能将审计工作未来的变化和不确定因素转化为确定因素，将各种不利因素转化为有利因素，促进审计工作的顺利开展，确保审计目标的实现。

4. 为审计考核工作提供前提条件

审计计划能够为审计考核工作提供一个合理前提，也只有审计计划才能作为审计考核的基础，才能促使审计激励工作取得最好的效果。

5. 为审计控制工作提供标准

任何一项工作在进行过程中都有可能因某种客观或主观原因而出现偏差，影响工作任务的完成。因此，要随时对审计过程进行检查，加强对审计过程的控制，促使审计目标顺利实现。要进行审计控制就需要一个控制标准，否则管理人员就无法实施控制。审计计划是审计控制的基础，它为审计控制提供了标准。

二、审计计划的内容

审计计划一般分为总体审计计划和具体审计计划两部分。

总体审计计划是对审计的预期范围和实施方式所制定的规划，用以确定审计的范围、时间和方向，并指导具体审计计划。它相当于整个审计工作的蓝图，是具体审计计划的指导。

具体审计计划是依据总体审计计划制定的，对实施总体审计计划所需要的审计程序的性质、时间和范围进行详细规划和说明。

审计计划的内容见表 1-7。

表 1-7　审计计划的内容

分类	具体内容
总体审计计划	（1）被审计单位的基本情况 （2）审计目的、审计范围及审计策略 （3）重要会计问题及重点审计领域 （4）审计工作进度及时间、费用预算 （5）审计小组组成及人员分工 （6）重要性水平的确定及风险的评估 （7）对专家、内部审计人员及其他注册会计师的工作的利用 （8）其他有关内容
具体审计计划	（1）审计目标 （2）审计程序 （3）执行人及执行日期 （4）审计工作底稿的索引号 （5）其他有关内容

练一练（多项选择题）

下列关于审计计划的表述，正确的是（　　）。

A. 审计计划是在具体实施审计过程中编制的工作计划

B. 审计计划是审计人员在审计实施阶段的工作指南

C. 审计计划包括总体审计计划和具体审计计划

D. 编制审计计划的目的是达到预期的审计目的

三、审计计划的编制与审核

1. 审计计划的编制

（1）审计计划应由审计项目负责人编制。

（2）审计计划应形成书面文件，并在工作底稿中加以记录。

（3）审计计划的文件形式多种多样，主要包括表格、问卷和文字叙述。

（4）审计人员可以同被审计单位的有关人员就总体审计计划的要点和某些审计程序进行讨论，并使审计程序与被审计单位有关人员的工作相协调。

（5）编制审计计划时，通常需要编制时间预算表与审计程序表。

在编制总体审计计划时，时间预算是一个十分重要的内容。时间预算既是合理确定审计收费的依据，又是衡量审计工作进度、判断审计人员工作效率的依据。

时间预算表的常见格式见表1-8。不同审计工作中，时间预算表内容会稍有不同。

审计程序表则是具体审计计划的载体。

表1-8　时间预算表

<table>
<tr><td>审计起始日</td><td></td><td>预计完成日</td><td></td><td colspan="2">实际完成日</td><td colspan="2"></td></tr>
<tr><td colspan="3">客户：</td><td>签名</td><td></td><td>日期</td><td colspan="2"></td></tr>
<tr><td colspan="3">项目：审计工时及费用预算</td><td>编制人</td><td colspan="2"></td><td>索引号</td><td>B2-11</td></tr>
<tr><td colspan="3">截止日或期间：</td><td>复核人</td><td colspan="2"></td><td>页次</td><td></td></tr>
<tr><td rowspan="2">级别</td><td rowspan="2">小时费用率（元/小时）</td><td colspan="3">计划</td><td colspan="3">实际</td></tr>
<tr><td>工时</td><td colspan="2">费用</td><td>工时</td><td colspan="2">费用</td></tr>
<tr><td>主任会计师</td><td></td><td></td><td colspan="2"></td><td></td><td colspan="2"></td></tr>
<tr><td>部门经理</td><td></td><td></td><td colspan="2"></td><td></td><td colspan="2"></td></tr>
<tr><td>项目经理</td><td></td><td></td><td colspan="2"></td><td></td><td colspan="2"></td></tr>
<tr><td>注册会计师</td><td></td><td></td><td colspan="2"></td><td></td><td colspan="2"></td></tr>
<tr><td>助理人员</td><td></td><td></td><td colspan="2"></td><td></td><td colspan="2"></td></tr>
<tr><td>其他人员</td><td></td><td></td><td colspan="2"></td><td></td><td colspan="2"></td></tr>
<tr><td>合计</td><td>—</td><td>—</td><td colspan="2"></td><td>—</td><td colspan="2"></td></tr>
<tr><td>审计费用</td><td>—</td><td>—</td><td colspan="2"></td><td>—</td><td colspan="2"></td></tr>
<tr><td>回收率</td><td>—</td><td>—</td><td colspan="2"></td><td>—</td><td colspan="2"></td></tr>
<tr><td colspan="8">重大差异原因分析：</td></tr>
</table>

注：本表中按时间收费时，对工时及费用进行控制。

以下是某审计工作底稿中的应收账款审计程序表，供学习参考。

被审计单位名称：　　编制人：　　检查人：　　复核人：

财务报表截止日期：　　日　期：　　日　期：　　日　期：

一、审计目标

1. 确定应收账款是否真实存在。

2. 确定应收账款是否归被审计单位所有。

3. 确定应收账款增减变动的记录是否完整。

4. 确定应收账款是否可收回，坏账准备计提是否完整。

5. 确定应收账款年末余额是否准确。

6. 确定应收账款在财务报表上的披露是否恰当。

二、审计程序

项目	是否适用	索引号
1. 核对应收账款明细账与总账的余额是否相符		
2. 获取或编制应收账款明细表或账龄分析表		
3. 选取账龄长、金额大的应收账款向债务人进行函证，并根据情况编制函证结果汇总表。回函金额不符的，查明原因或适当调整		
4. 对大额或异常项目及关联方应收账款项目，即使回函相符，仍应抽查原始凭证		
5. 未回函的或未发询证函的应收账款，采用替代审计措施进行检查，判断其债权的真实性和可收回性		
6. 请被审计单位协助，在应收账款明细表上标出至审计时已收回的应收账款金额		
7. 检查应收账款中是否有无法收回的款项		
8. 抽查有无不属于结算业务的债权		
9. 对于用非记账本位币结算的应收账款，检查其采用的汇率是否正确		
10. 对出现贷方余额的应收账款应查明原因，必要时重分类调整		
11. 验明应收账款是否已在资产负债表上恰当披露		
审计重点：		

说明：根据处理结果在“是否适用”一栏中打√或×。其中，√表示适用，×表示不适用。

2. 审计计划的审核

审计计划由会计师事务所的有关业务负责人审核批准。审计计划分为总体审计计划和具体审计计划，二者应分别进行审核，具体见表 1-9。

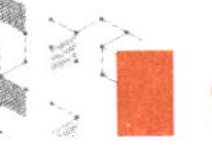

表 1-9　审计计划的审核

分类	审核事项
总体审计计划	（1）审计目的、审计范围及重点审计领域的确定是否恰当 （2）时间预算是否合理 （3）审计小组成员的选派和分工是否恰当 （4）对被审计单位内部控制制度的信赖程度是否恰当 （5）对专家、内部审计人员及其他注册会计师的工作的利用是否恰当
具体审计计划	（1）审计程序能否实现审计目标 （2）审计程序是否适合各审计项目的具体情况 （3）重点审计领域中各审计项目的审计程序是否恰当 （4）重点审计程序的制定是否恰当

第七节　审计重要性

在审计工作中，如何运用重要性、确定重要性水平至关重要。

一、重要性的概念

在审计中，重要性是指被审计单位财务报表中错报（或漏报）情况的严重程度，这一程度在特定环境下可能影响财务报表使用者的判断或决策。在审计中，重要性取决于在具体环境下对错报金额和性质的判断。如果一项错报单独或连同其他错报可能影响财务报表使用者依据财务报表作出的经济决策，则该项错报属于重大错报。

对重要性的理解需要把握以下几点：

1. 重要性是针对财务报表而言的。
2. 重要性中的错报包含漏报。
3. 重要性必须从财务报表使用者的角度考虑。
4. 重要性的判断离不开特定的环境。

知识链接

重要性实质上强调了一个“度”。在审计报告中，允许一定程度的不准确或不正确的存在，但是要以这个“度”为界。如果会计信息的错报可能影响财务报表使用者的决策或判断，就可以认为其重要，否则就不重要。在审计实务工作中，重要性水平是重要性的数量表示，是一个数量门槛或金额临界点。

二、重要性的运用

重要性的运用贯穿于整个审计过程，如图 1-15 所示。

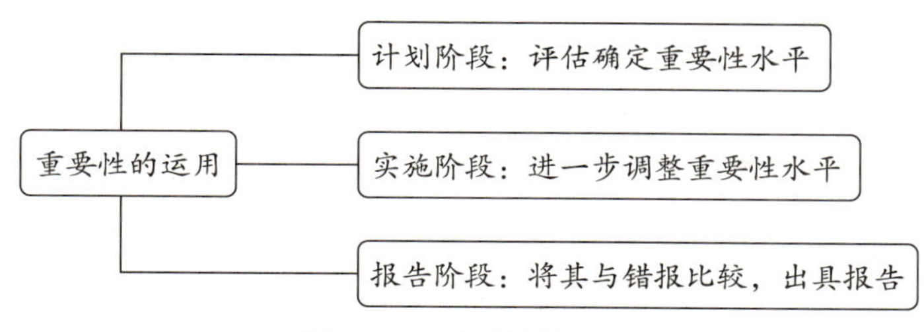

图 1-15 重要性的运用

1. 审计计划阶段对重要性的运用

在审计计划阶段，审计人员应当对重要性作出初步判断，确定计划的审计重要性水平，进而确定所需审计证据的数量。重要性水平越低，则应获取的审计证据越多，即重要性水平与审计证据呈反向关系。因此，审计人员在编制审计计划时，应当根据所确定的重要性水平合理确定所需的审计证据，并据此决定审计程序的性质、时间和范围。

2. 审计实施阶段对重要性的运用

在审计实施阶段，随着审计过程的推进，审计人员应当及时评价计划阶段确定的重要性水平是否仍然合理，并根据具体环境的变化或者根据审计执行过程中获取的信息调整计划的重要性水平，进而修订审计程序的性质、时间和范围。在确定审计程序后，如果审计人员决定接受更低的重要性水平，审计风险将增加。如有可能，审计人员可通过扩大控制测试范围或实施追加控制测试，以及修改计划实施的实质性测试的性质、时间和范围来降低审计风险。

3. 审计报告阶段对重要性的运用

在审计报告阶段，审计人员应依据重要性水平评价识别出错报及未更正错报对财务报表和审计意见的影响。审计报告阶段对重要性的运用见表 1-10。

表 1-10 审计报告阶段对重要性的运用

阶段	运用
累积识别出错报	（1）审计人员可能将低于某一金额的错报界定为明显微小的错报，对这类错报不需要累积 （2）如果不确定一个或多个错报是否明显微小，就不能认为这些错报是明显微小的 （3）审计人员需要在制定审计策略和制订审计计划时，确定一个明显微小错报的临界值，低于该临界值的错报可视为明显微小的错报，可以不累积

续表

阶段	运用	
评价累积未更正错报的影响	累积未更正错报超过了重要性水平	（1）累积未更正错报超过了重要性水平，审计人员应当考虑要求管理层调整财务报表 （2）管理层如果拒绝调整财务报表，审计人员应考虑累积未更正错报对发表审计意见类型的影响
	累积未更正错报接近重要性水平	（1）累积未更正错报接近重要性水平，表明存在未被发现的错报，它连同审计过程中累积错报的汇总数可能超过重要性水平 （2）审计人员应当考虑要求管理层检查某类交易、账户余额或披露，以使管理层了解审计人员识别出的错报的产生原因 （3）要求管理层采取措施以确定这些交易、账户余额或披露实际发生错报的金额，并对财务报表作出适当的调整
	累积未更正错报远低于重要性水平	如果累积未更正错报明显微小，远低于重要性水平，审计人员即可认为这些错报的累积数明显不会对财务报表产生重大影响，是可接受的，因而不要求管理层调整财务报表，也不会影响审计人员发表审计意见

想一想：审计人员在运用重要性原则时，应当考虑哪些内容？

三、重要性水平的确定

在计划审计工作时，审计人员就需要了解被审计单位及环境，并综合考虑审计目标、财务报表各项目的性质及其相互关系、财务报表项目的金额及其波动幅度，合理确定审计重要性水平，以发现在金额上的重大错报。需要确定的重要性水平包括两类，如图 1-16 所示。

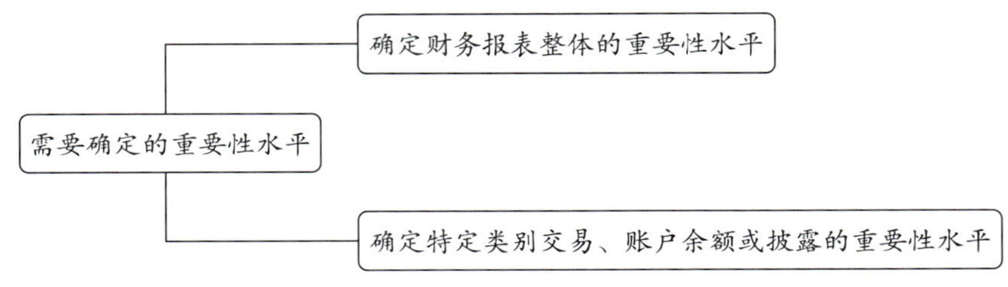

图 1-16　需要确定的重要性水平

1. 确定财务报表整体的重要性水平

审计人员在制定总体审计策略时，应当判断、确定财务报表层次的重要性水平，确定多大错报会影响到财务报表使用者所做的经济决策。在实务中，审计人员通常根据所在会计师事务所的惯例和自己的经验，结合被审计单位的性质和环境，先选择一个恰当

的基准，再选用适当的百分比与基准相乘，从而得出财务报表整体的重要性水平。

审计人员对基准的选择有赖于被审计单位的性质和环境。例如，对于以营利为目的的被审计单位而言，来自经常性业务的税前利润或税后净利润可能是一个适当的基准。而对于收益不稳定的被审计单位或非营利组织，选择税前利润或税后净利润作为判断重要性水平的基准就不合适。对于资产管理公司来说，净资产可能是一个合适的指标。

知识链接

以营利为目的的企业，其财务报表整体的重要性水平一般为来自经常性业务的税前利润（或税后净利润）的5%或总收入的0.5%。对于非营利性组织，为费用总额或总收入的0.5%。对于共同基金公司，为净资产的0.5%。审计人员在开展具体审计业务时，应当根据具体环境采用适当的比例。该比例可能高于也可能低于上述数值。

【例1-3】某会计师事务所接受B公司的委托，对该公司2021年度的财务报表进行审计。在制定总体审计策略时，该会计师事务所采用下列方法确定财务报表整体的重要性水平：

1. 按收入总额的1%计算影响净利润的重要性水平，计算结果见表1-11。

表1-11　财务报表整体的重要性水平（用收入法计算）　　单位：万元

依据金额				比率	重要性水平
2019年收入	2020年收入	2021年收入	平均收入		
136 377	187 956	322 500	215 611	1%	2 156

2. 按资产总额的1%计算资产负债表重分类的重要性水平，计算结果见表1-12。

表1-12　资产负债表重分类的重要性水平（用资产法计算）　　单位：万元

依据金额				比率	重要性水平
2019年年末资产总额	2020年年末资产总额	2021年年末资产总额	平均总资产		
303 268	311 547	502 961	372 592	1%	3 726

此处选择重要性水平中的较低者2 200万元作为财务报表整体的重要性水平。

2. 确定特定类别交易、账户余额或披露的重要性水平

在计划审计工作时，审计人员不仅应确定财务报表整体的重要性水平，还应确定特定类别交易、账户余额或披露的重要性水平。

根据被审计单位的特定情况，下列因素可能表明存在一个或多个特定类别的交易、账户余额或披露。其发生的错报金额虽然低于财务报表整体的重要性水平，但合理预期将影响财务报表使用者依据财务报表作出的经济决策。

一是法律法规或适用的财务报告编制基础是否影响财务报表使用者对特定项目（如关联方交易、管理层和治理层的薪酬）计量或披露的预期。

二是与被审计单位所处行业相关的关键性披露（如制药企业的研究与开发成本）。

三是财务报表使用者是否特别关注财务报表中单独披露的业务的特定方面（如新收购的业务）。

在根据被审计单位的特定情况考虑是否存在上述交易、账户余额或披露时，审计人员通常需要与管理层沟通，了解他们的看法和预期，以便作出合理的职业判断。

实务中，可采用以下方法确定特定类别的交易、账户余额或披露的重要性水平：

（1）不分配的方法

采用不分配的方法确定特定类别的交易、账户余额或披露的重要性水平，实际上是根据会计师事务所的以往经验统一确定特定类别的交易、账户余额或披露的重要性水平与财务报表整体重要性水平的比例，供审计人员在开展审计业务时直接运用。

【例 1-4】接上例，该会计师事务所规定，特定类别的交易、账户余额或披露的重要性水平（即建议调整水平）按照财务报表整体重要性水平的5%确定。因此，该所在对A公司2021年度的财务报表进行审计时确定的建议调整水平应为：2 200×5%＝110（万元）。

在执行细节测试时，当发现的错报（包括推断错报）小于110万元时，可以忽略，不再将其汇总至审计差异汇总表中。当错报大于110万元时，原则上可以进行审计调整，如果暂不调整则必须将其汇总到审计差异汇总表中。

（2）分配的方法

采用分配的方法时，分配的对象一般是资产类、负债类账户。按照资产的一定比例确定各账户的重要性水平，即可容忍错报。在此基础上，根据审计人员的职业判断，对各账户的重要性水平再加以调整。

【例 1-5】A 公司的总资产构成见表 1-13。假设审计人员初步判断财务报表层次的重要性水平是资产总额的 1%即 155 万元，表示资产类账户可容忍的错报为 155 万元。现审计人员按这一重要性水平在各资产类账户中分配，形成了两种方案，见表 1-13。

表 1-13　重要性水平分配方案　　单位：万元

账户	金额	方案 1	方案 2
库存现金	800	8	3.2
应收账款	3 600	36	40.8
存货	5 100	51	60
固定资产	6 000	60	51
总计	15 500	155	155

“库存现金”账户属于重要的资产类账户，其重要性水平应当从严制定。应收账款和存货项目出现错报或漏报的可能性较大，为节约审计成本，其重要性水平可定得高一些。固定资产项目出现错报或漏报的可能性较小，可将其重要性水平定得低一些。因此，方案 2 较为合理。

知识链接

并非所有的财务报表项目都具有重要性，有些项目是没有重要性可言的。也就是说，这些项目若发现错报，无论金额大小均需要调整，并汇总到审计差异汇总表中。这些项目主要包括：①影响审计报告、已审财务报表及附注的差错；②应交税费项目；③计提的社会保险费、住房公积金等敏感项目；④按净利润计提的盈余公积；⑤注册资本。

第八节　审计风险

审计风险是指财务报表存在重大错报（或漏报），而审计人员审计后发表不恰当审计意见的可能性。如果审计人员将审计风险降低到可接受的低水平，则为财务报表不存在重大错报提供了合理保证。

一、审计风险的组成要素及其相互关系

1. 审计风险的组成要素

审计风险的组成要素包括重大错报风险和检查风险，如图 1-17 所示。审计人员应当按照审计程序评估重大错报风险，并根据评估结果设计和实施进一步审计工作，以控制检查风险。

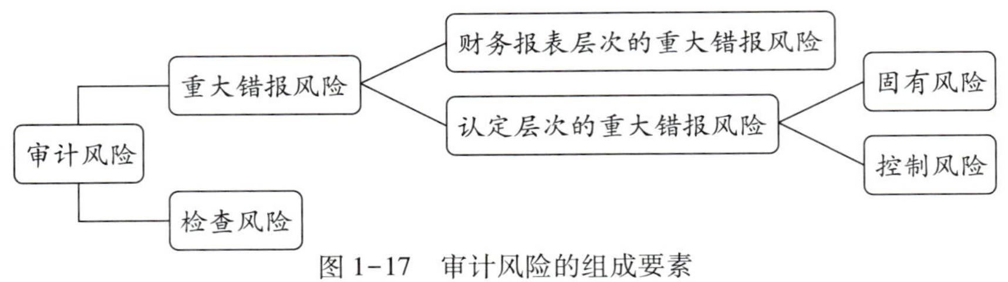

图 1-17　审计风险的组成要素

（1）重大错报风险

重大错报风险是指财务报表在审计前存在重大错报的可能性。重大错报风险包含财务报表层次的重大错报风险及认定层次的重大错报风险。

与财务报表整体广泛相关的重大错报风险属于财务报表层次的重大错报风险。与特定的某类交易、账户余额、列报的认定相关的重大错报风险属于认定层次的重大错报风险。认定层次的重大错报风险可以进一步细分为固有风险、控制风险。

固有风险是指在不考虑被审计单位相关的内部控制政策或程序的情况下，其财务报表中某项认定产生重大错报的可能性。它独立于财务报表审计之外，是审计人员无法改变其实际水平的一种风险。

控制风险是指因被审计单位内部控制而未能及时防止或发现其财务报表中某项错报（或漏报）的可能性。同固有风险一样，审计人员只能评估其水平而不能影响其水平。

（2）检查风险

检查风险是指审计人员通过预定的审计程序未能发现被审计单位财务报表中存在的某项重大错报（或漏报）的可能性。检查风险是审计风险要素中唯一可以通过审计人员进行控制和管理的风险要素。

知识链接

固有风险与被审计单位管理者的诚信程度、管理者对财务报告可靠性的态度、被审计单位业务的复杂程度以及所在行业的特性等因素有关。

检查风险是现代审计方法本身的局限性造成的，同时它还受审计程序的性质、时间和范围的影响。例如，详查法比抽查法更能减少检查风险，但是由于成本效益原则的限制，检查风险并非越低越好，审计人员必须通过对审计程序的合理安排将检查风险调整到适当的水平。

想一想： 审计风险的组成要素中，审计人员能够控制的是哪种风险？

2. 审计风险组成要素的相互关系

在既定的审计风险水平下，可接受的检查风险水平与重大错报风险的评估结果呈反向关系。评估的重大错报风险越高，则可接受的检查风险越低；评估的重大错报风险越低，则可接受的检查风险越高。审计人员应当合理设计审计程序的性质、时间和范围，并有效执行审计程序，以控制检查风险。检查风险与重大错报风险的关系可用公式表示如下：

审计风险＝重大错报风险×检查风险

检查风险＝审计风险÷重大错报风险

相关模型就是审计风险模型。

【例 1-6】针对某一认定，审计人员将可接受的审计风险水平设定为 5%，审计人员实施风险评估后将重大错报风险评估为 25%。根据这一模型，可接受的检查风险为 20%。

当然，实务中，审计人员不一定用绝对数量表示这些风险水平，而是选用“高”“中”“低”等文字加以描述。审计风险组成要素的相互关系见表 1-14。

表 1-14　审计风险组成要素的相互关系

审计人员对固有风险的评估	审计人员对控制风险的评估		
	高	中	低
	审计人员可接受的检查风险		
高	最低	较低	中等
中	较低	中等	较高
低	中等	较高	最高

二、评估审计风险应考虑的因素

1. 评估重大错报风险时应考虑的因素

评估审计风险主要是评估重大错报风险。识别和评估重大错报风险时，审计人员应

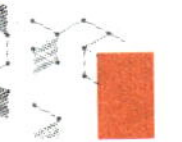

当考虑的因素如下：

（1）在了解被审计单位及其环境的整个过程中识别风险，并考虑各类交易、账户余额、列报。

（2）将识别的风险与认定层次可能发生错报的领域相联系。

（3）考虑识别的风险的重大性。

（4）考虑识别的风险导致财务报表发生重大错报的可能性。

2. 确定风险性质时应考虑的因素

在确定风险的性质时，审计人员应当考虑下列因素：

（1）风险属于舞弊风险的可能性。

（2）风险与近期经济环境、会计处理方法和其他方面的重大变化的相关性。

（3）交易的复杂程度。

（4）风险涉及重大的关联方交易的可能性。

（5）会计计量的主观程度，特别是涉及不确定事项时。

（6）风险涉及异常或超出正常经营范围的重大交易。

三、检查风险对确定实质性测试性质、时间和范围的影响

不论重大错报风险的评估结果如何，审计人员都应当对各重要账户或交易类别进行实质性测试。实质性测试的性质、时间和范围最终取决于根据重大错报风险水平所确定的可接受的检查风险。因此，检查风险影响实质性测试的性质、时间和范围。

审计人员应当合理设计审计程序的性质、时间和范围，并有效执行审计程序，以控制检查风险。检查风险与实质性测试的性质、时间和范围的关系见表 1–15。

表 1–15　检查风险与实质性测试的性质、时间和范围的关系

实质性测试可接受的检查风险	实质性测试的性质	实质性测试的时间	实质性测试的范围
高	以分析程序和交易测试为主	以期中审计为主	较少样本、较少证据
中	分析程序、交易测试及余额测试结合运用	期中审计、期末审计和期后审计结合运用	适中样本、适量证据
低	以余额测试为主	以期末审计和期后审计为主	较多样本、较多证据

四、检查风险与审计意见

如果经过实施有关实质性测试，审计人员仍认为与某一重要账户或交易类别的认定有关的检查风险不能降低至可接受的水平，那么，审计人员应当发表保留意见或拒绝发

表意见。审计意见将在本书第八章详细介绍。

小结

本章介绍了审计的产生与发展、审计的目标与对象、审计的功能与作用，以及审计的种类、方法与程序等。通过学习，学生要能够对各种审计的特点进行分析，能够理解审计证据、审计重要性和审计风险等相关知识。

本章的重点是审计的功能与作用、审计重要性及审计风险，难点是在不同背景资料下熟练运用相关审计知识进行分析。

思考与练习

一、简答题

1. 简述审计的目标与对象。
2. 简述审计的功能与作用。
3. 审计重要性与审计风险包括哪些内容？

二、案例分析题

某注册会计师接受委托审计甲公司2020年度的财务报表。根据甲公司的财务报表、相关数据及注册会计师以往的审计经验所确定的在计算重要性水平时各项目的金额和比例见表1-16。试计算确定其财务报表层次的重要性水平。

表1-16 甲公司审计相关资料

项目	金额（万元）	比例（%）
资产总额	90 000	0.5
净资产	44 000	1
主营业务收入	120 000	0.5
净利润	12 060	5

第二章
内部控制与内部控制评价

学习目标

知识目标

1. 理解内部控制的概念及控制目标。
2. 理解内部控制的要素及方法。
3. 理解内部控制评价的原则和程序。
4. 了解内部控制审计报告。

能力目标

1. 能够把握不同情况下实施内部控制的方法和流程。
2. 能够读懂内部控制审计报告。

【本章导学】

要做好内部审计工作，首先要清楚了解内部控制，包括内部控制的内容和实质。只有通晓企业内部控制整个体系的各个领域，内部审计人员才能有针对性地对内部控制系统的安全性、稳定性和有效性进行评价，才能针对内部控制中的薄弱环节及存在缺陷提出相应的改进措施和整改建议，促使企业用最科学、最合理的成本进行内部管理，实现进一步改善企业内部管理的目标。

思维导图

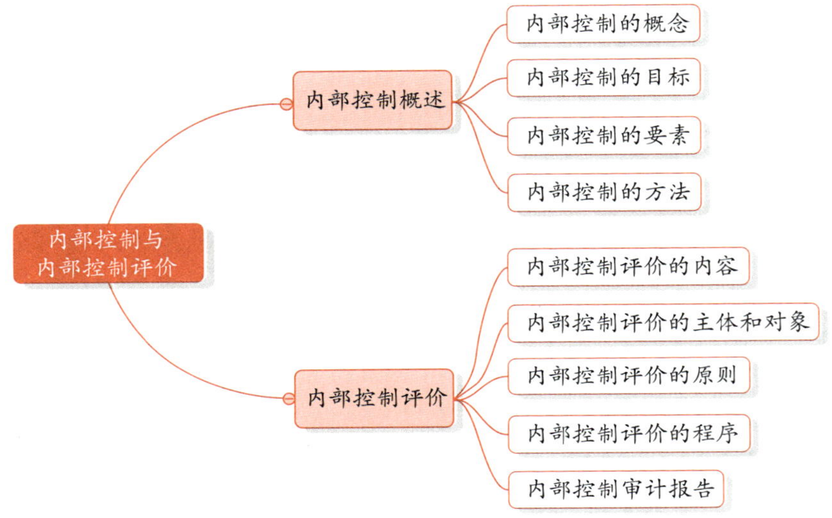

第一节　内部控制概述

一、内部控制的概念

现代内部控制起源于内部牵制。通常所说的内部牵制是由两个或两个以上的部门（或人员）共同合作完成一项工作任务，以达到相互牵制的作用，其目的是防止工作中可能出现的偶然性失误或徇私舞弊的情况。例如，当企业需要采购材料时，需要由材料使用部门发起申请，经上级部门同意后，采购部门负责采购，验收部门负责验收入库，仓库负责保管，出纳负责付款和会计记账。多部门协同办公，可以最大限度保障企业资产安全，防止错误和舞弊的发生。

随着社会经济发展，内部控制应运而生。相对于内部牵制，内部控制更加科学化、专业化、系统化。内部控制是指在每个从事经营活动的单位内，在一定的环境下，为了提高经营效率，并且尽最大可能获得和使用各种资源，达到既定管理目标，而在单位内部实施各种制约和调节的组织、计划、程序和方法的总称。

内部控制的主体是内部控制设计、执行和考核的相关人员，主要指单位内部的行政领导及相关职能部门的工作人员。

内部控制的客体泛指一切接受内部控制的经济活动、业务活动，是内部控制主体的工作对象。

二、内部控制的目标

内部控制的目标是领导、组织、协调、监督企业内部的各项管理活动，使执行部门认真贯彻执行管理部门制定的方针政策，准确、可靠地取得各种管理信息，确保企业财产的安全性和完整性，不断提高企业经营管理水平，最终实现管理目标。

由此可以看出，内部控制是一个管理的过程，而非管理的结果，该管理过程受人为因素影响很大。一切制度和程序都由人来制定和执行，因此内部控制执行部门最终提交给董事会或企业管理层的只能是合理的保证措施，而非绝对的、万无一失的保证结果。内部控制目标主要有四个方面，如图 2-1 所示。

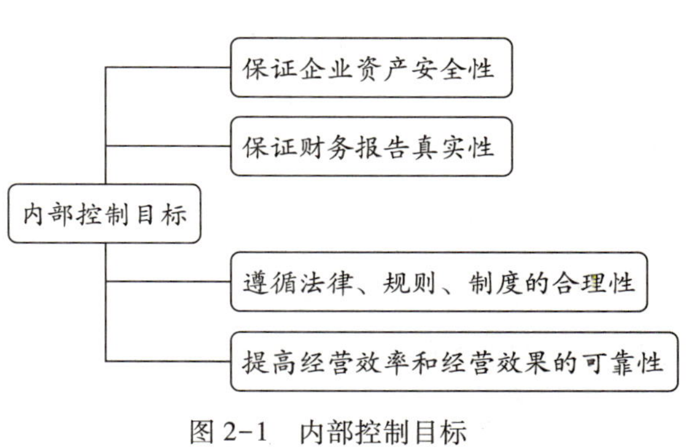

图 2-1　内部控制目标

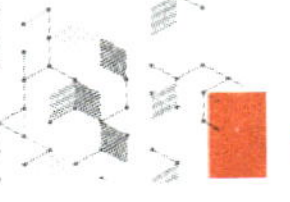

【例 2-1】A 公司是一家食品加工企业。一直以来，该公司对于投标流程的内部控制一直处于非标准化、非制度化的状态，具体表现是，公司投标工作由各个产品部门自行负责，经本部门主管核准后即可参加投标。

公司管理层发现问题后，立刻进行内部审计测试。经内部审计部门测试认定，某一投标流程存在明显的控制缺失。第一，投标前没有进行科学的第三方评估；第二，业务员作为投标的执行人，同时也是投标项目的评估人。这些做法不利于全面评估投标风险，存在经营风险隐患。

公司进行内部商讨和决策，决定修订内部控制作业程序。销售部在“投标项目申请表”中增加一栏，其内容为“拟投标项目第三人评审意见”，即在整个销售部内部选拔 5 名经验丰富、责任心强的业务骨干，组成投标评审小组，所有 2 万元以内的项目须经投标评审小组至少一名成员签署意见，2 万~5 万元的项目须经投标评审小组至少两名成员签署意见，5 万元以上的项目须经投标评审小组至少三名成员签署意见。

通过增加监督程序，开展规范化投标工作，监督分属于不同部门的成员，该公司招投标带来的内外部风险大大降低了。

知识链接

社会中企业种类繁多，但是，以下三个方面的目标是为大多数企业所认可的：

一是营运目标，即企业如何高效率、高质量地使用现有资源的目标。

二是财务报告目标，即编制真实可靠的财务报表的目标。

三是遵守法纪目标，即企业遵纪守法、合法经营的目标。

三、内部控制的要素

内部控制的内容归根结底是由基本要素组成的。这些要素及其构成方式决定着内部控制的内容与形式。内部控制的五要素如图 2-2 所示。

1. 内部环境

内部环境是企业实施内部控制的基础，一般包括治理结构、机构设置、权责分配、内部审计、人力资源政策、企业文化等。

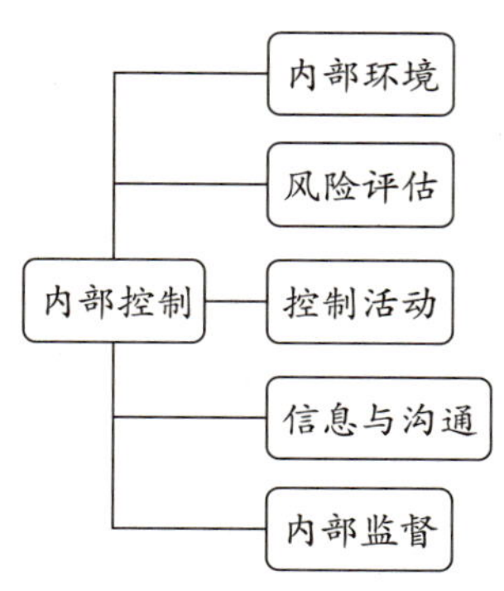

图 2-2　内部控制的五要素

2. 风险评估

每一个企业都有可能随时面对来自各个层面的内部和外部风险。为了保证企业正常运营，所有的风险都必须加以评估。风险评估是指企业及时识别、系统分析经营活动中与实现内部控制目标相关的风险，合理确定风险应对策略。

3. 控制活动

控制活动发生在风险评估之后，是企业根据风险评估结果，采取相应的控制措施，将风险控制在可承受度之内的活动。控制活动在企业内的各个层级和职能部门都有可能出现。

4. 与财务报告相关的信息与沟通

企业要及时、准确地收集、传递与内部控制相关的信息，确保信息在企业内部、企业与外部之间进行有效沟通。企业员工必须从管理层处清楚了解和获取所应承担控制责任的信息，而且必须有与上级部门沟通和对话的方法，能够与外界人员（如客户、供应商等）进行有效沟通。

5. 内部监督

内部控制系统需要被监控，它是企业对内部控制建立与实施情况进行的监督检查。企业可以通过对内部的监督评价内部控制的有效性，发现内部控制缺陷，并及时加以改进。监督活动包括持续监控、个别评估等方式，可以确保企业内部控制能够高效、持续运作。

四、内部控制的方法

1. 不相容职务分离控制

不相容职务分离控制主要是指在企业等组织内部，部分特殊岗位职务必须分工负责，不能由同一个人兼任不相容的岗位职务，以防止错误和舞弊的发生。

不相容职务主要包括授权批准、业务经办、会计记录、财产保管、稽核检查等方面的职务。它们之间的不相容情况主要包括授权批准与业务经办、业务经办与会计记录、会计记录与财产保管、业务经办与业务稽核、授权批准与监督检查等的不相容。

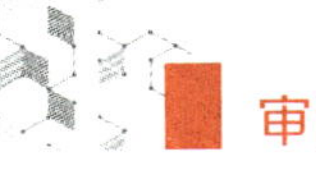

【例 2-2】A 公司财务部门一直严格按照要求采用不相容职务分离控制的内部控制方法，进行业务把控，防止发生不可预计的经营风险。

财务部进行员工差旅费报销的流程如下：首先，由会计李明复核各部门经理核准过的员工差旅费报销单，在报销单的会计栏签字确认；然后，出纳张敏检查所附原始凭证是否完整，按差旅费报销单的实际支出金额办理报销业务，支付现金，盖“付讫”章，并在出纳栏签字确认；最后，报销单处理完后，张敏将其返还给会计李明作为其登记明细账的依据。

在本例中，会计李明复核了员工报销单的金额，出纳张敏复核了李明的工作内容，最后在登账的过程中，会计李明又复核了出纳张敏的现金收支情况。他们之间形成了一个完整的、比较科学的报销流程，起到了相互监督的作用，实现了内部控制中的不相容职务分离控制。

2. 授权审批控制

授权审批控制要求企业等组织明确规定授权批准的范围、权限、程序、责任等相关内容，企业等组织内部的各级管理层必须在授权范围内行使相应职权，经办人员也必须在授权范围内办理经济业务。对于重大事项和重大业务，应当实行集体决策审批，任何个人不得单独进行决策或擅自更改集体决策。

【例 2-3】A 公司各车间签订采购合同的审批权限见表 2-1，从表中可以看出不同级别人员的可执行权限范围和交易责任。

表 2-1　A 公司各车间签订采购合同的审批权限　　单位：万元

车间	车间主管	部门主管	公司总经理
冷冻食品车间	≤1	≤5	≤10
半成品车间	≤1	≤5	≤10
熟食车间	≤1	≤5	≤10

3. 会计系统控制

会计系统控制要求企业等组织必须依据会计法和国家统一的会计制度等法律法规，制定适合本单位的会计制度，明确会计凭证、会计账簿和财务报告的处理程序，实行会计人员岗位责任制，建立严密的会计控制系统。会计系统控制的内容如图 2-3 所示。

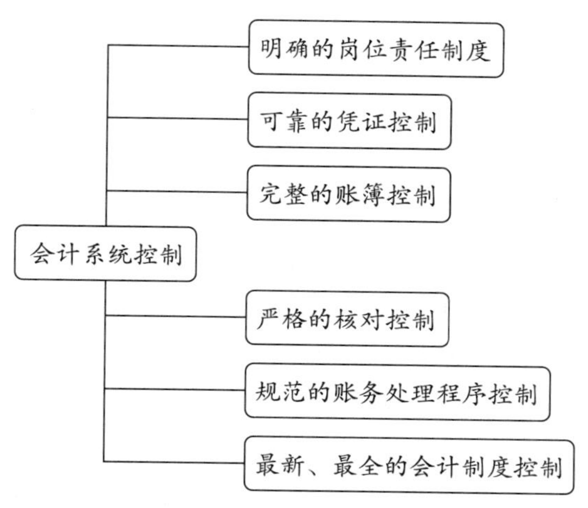

图 2-3 会计系统控制的内容

4. 预算控制

预算控制要求企业等组织加强预算编制、预算执行、预算分析、预算考核等环节的管理，明确预算项目，制定预算标准，规范预算的编制、审定、下达和执行程序，及时分析和控制预算差异，采取改进措施，确保预算的执行。

预算内资金由责任人限额审批，限额以上资金实行集体审批，严格控制无预算的资金支出。

5. 财产保全控制

财产保全控制要求企业等组织建立财产日常管理制度和定期清查制度，严格控制未经授权的人员对财产的直接接触，采用定期盘点、财产记录、账实核对、财产保险等方法，确保企业各类财产的安全和完整。

6. 风险控制

风险控制要求企业等组织树立风险意识，针对各个风险控制点建立有效的风验管理系统，通过风险预警、风险识别、风险评估、风险报告等措施，对财务风险和经营风险进行全面防范和控制。

7. 内部报告控制

内部报告控制要求企业等组织建立和完善内部管理报告制度，全面反映经济活动情况，及时提供业务活动中的重要信息，增强内部管理的时效性和针对性。

8. 电子信息技术控制

电子信息技术控制要求运用电子信息技术手段建立控制系统，减少和消除内部人为控制的影响，确保内部控制的有效实施，同时要加强对电子信息系统开发与维护、数据输入与输出、文件储存与保管、网络安全等方面的控制。

知识链接

《企业内部控制基本规范》

为了加强和规范企业内部控制，提高企业经营管理水平和风险防范能力，促进企业可持续发展，维护社会主义市场经济秩序和社会公众利益，根据国家有关法律法规，财政部会同证监会、审计署、银监会、保监会，于2008年制定发布了《企业内部控制基本规范》。该规范自2009年7月1日起在我国上市公司范围内施行，并鼓励非上市的大中型企业执行。2010年，财政部等五部委又发布了企业内部控制配套指引，自2012年1月1日起在我国主板上市公司范围内施行。

第二节 内部控制评价

一、内部控制评价的内容

从范围看，一般认为企业内部控制评价应根据资源情况和组织需求来确定。它既可以是全面内部控制评价（如对整个内部控制系统进行评价，然后把信息反馈给最高管理层），也可以是局部评价（如对某个部门或某项控制活动进行评价，然后把发现的不足或某一方面控制精确度的信息反馈给某些管理人员）。

从内容看，内部控制评价至少包括控制环境、风险评估、控制活动、信息与沟通以及内部监督五要素，或内部环境、目标设定、事件识别、风险评估、风险反应、控制活动、信息与沟通以及内部监督八要素。

有些理论认为，内部控制评价包括对内部控制设计有效性和运行有效性的评价。还有人认为，内部控制评价要对内部控制系统设计的有效性、内部控制系统运行的有效性以及内部控制系统设计及运行的经济性进行评价。

一般把内部控制评价的内容分为整体层面控制评价和业务层面控制评价两部分。整体层面控制评价就是对整体层面控制有效性的评价过程，是一个流程。业务层面控制评价就是对业务层面控制有效性的评价过程，是内部控制评价的核心内容。

二、内部控制评价的主体和对象

1. 内部控制评价的主体

董事会或权力机构是内部控制系统设计和运行的关键部门，是内部控制评价的主体。经内部审计部门批准，董事会可将内部控制评价的组织、领导、监督和职责指定给审计委员会，由它或者独立的内部控制评价机构执行内部控制评价的某些任务，但董事会最终负责内部控制评价，对内部控制评价报告的真实性和可靠性负责。

对内部控制系统设计和运行的有效性进行自我评估和对外披露是管理层解除受托责任的一种方式，董事会可以聘请会计师事务所审计内部控制的有效性，但不能减少或消除自身的责任。

2. 内部控制评价的对象

内部控制评价的对象是内部控制的有效性，内部控制的有效性是指内部控制的建立和实施应确保企业适当地达到控制的目标水平。

从控制过程的角度来看，内部控制的有效性可以分为内部控制系统设计的有效性和内部控制系统运行的有效性。内部控制系统设计的有效性以《企业内部控制基本规范》及企业内部控制配套指引为依据，与实现控制目标所需的内部控制程序的设计有关，并能够为实现控制目标提供合理保证。内部控制系统运行有效的前提是内部控制系统设计有效，内部控制能够按照设计的内部控制程序正确实施，并为实现控制目标提供合理保证。

内部控制系统运行的有效性与设计的有效性是分不开的。如果内部控制系统设计方案存在漏洞，即使这些内部控制制度能够按流程执行，也不能被认为是有效的。

需要说明的是，由于内部控制的固有局限性（如执行人员专业判断的局限性、成本效益原则的局限性等），内部控制评价只能为实现内部控制目标提供合理的保证，而不能提供绝对的保证。

知识链接

内部控制缺陷是指企业内部控制的设计或运行方面存在的问题，它无法合理保证内部控制目标的实现。

按本质不同，内部控制缺陷可分为设计缺陷、运行缺陷。按严重程度不同，内部控制缺陷可分为重大缺陷、重要缺陷和一般缺陷。

内部控制评价是一个过程，也就是说，内部控制评价必须按照一定的程序进行。它不是一个瞬时的过程，而是一个动态的过程，涉及多个动态的步骤，包括计划、实施、编辑和报告等环节。

企业内部控制存在重大缺陷的可能迹象包括：①内部控制评价机构中的重要管理层舞弊；②内部控制系统运行过程中，工作人员未能及时发现当期财务报表出现的重大错误；③企业等组织的内部审计委员会等内部审计机构对内部控制的监管失效。

三、内部控制评价的原则

1. 全面性

评价工作应当包括内部控制系统的设计与运行，所选择的指标要尽量涵盖企业及其所属单位内部控制的各个方面。

2. 重要性

评价工作应当在全面评价的基础上，关注重要业务单位、重大业务事项和高风险领域，重点评价关键事项和业务。

3. 客观性

评价工作应当准确地揭示经营管理的风险状况，如实反映内部控制系统设计与运行的有效性。

4. 效益优先

评价工作应当依据符合企业实际的成本以达到科学有效的评价结果。当选择一个事项或业务的内部控制方式时，应该考虑将该行为带来的经济效益和不作为带来的风险成本进行比较，最终确定合适的行为方式。

四、内部控制评价的程序

内部控制评价程序如图 2-4 所示。

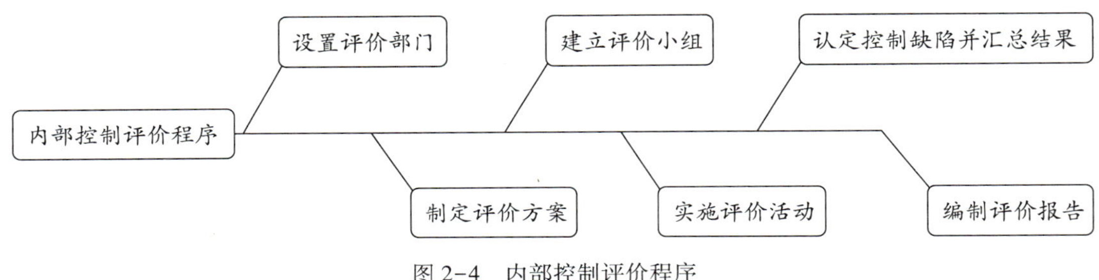

图 2-4　内部控制评价程序

1. 制定评价方案

一般情况下，评价的目标、范围、标准、方法、进度和其他内容会根据组织的总体管理目标进行细化，并传达给组织的审批人员予以批准。

2. 实施评价活动

实施评价活动是指根据经过审批的评价方案，通过适当的方法收集、确认、分析相关信息，按照确定的评价方法对所评价的内容进行测试与评价，并且获取充分、相关、可靠的证据支持评价结果的过程。

3. 编制评价报告

编制评价报告是指内部审计人员根据评价结果和经核实的证据，确认内部控制评价

缺陷，出具评价结论，编制评价报告，并报送组织相关人员审阅的过程。

如果内部控制评价程序步骤明确，系统设计和运行监督得力，就能够为企业提供有效的评价结果。但是，内部控制的准则、设计、运行和监督都由人执行，不可避免存在一定的局限性。具体如下：

（1）由于人为失误，可能出现决策错误或内部控制失效。

（2）可能存在由两个或两个以上的内部控制人员（或内部控制组织）相互串通舞弊，或是一定级别的管理人员把控评价程序。

（3）被审计单位或组织内部控制成本效益问题影响控制程序。

（4）内部控制相关工作人员专业素养不足。

（5）对于部分非经常性业务或突发业务缺乏相应的内部控制方案，现有的方案不可行，无法推进。

五、内部控制审计报告

内部控制审计报告也称内部控制评价报告，是内部审计人员根据审计计划对被审计单位执行必要的审计程序后，就被审计单位经营活动和内部控制的适当性、合法性和有效性所出具的书面文件。

根据《中国内部审计准则》的相关要求，审计报告的正文应当包括审计概况、审计依据、审计发现、审计结论、审计意见及审计建议等内容。审计报告的附件应当包括针对审计过程、审计中发现问题所给出的具体说明，以及被审计单位的反馈意见等内容。

1. 内部控制审计报告的撰写原则

（1）客观性原则

《第2106号内部审计具体准则——审计报告》第四条规定，内部审计人员应在审计结束后，以经过核实的审计证据为依据，形成审计结论、意见和建议，出具审计报告。由此可见，内部控制审计报告要求将在真实的内部审计过程中发现并存在的，不夸大、不隐瞒事项的全部内容，实事求是地反映在内部控制审计报告中。

（2）重要性原则

内部控制评价要围绕企业等组织预先设定好的审计目标来展开，不可自行扩大审计范围，最终形成的审计报告应该重点突出，充分考虑现有情况的审计风险，不遗漏审计中发现的重大事项。

（3）简洁易懂原则

内部控制审计报告的文字要求简洁、易懂。简洁指的是报告措辞和描述应当繁简得体、主次分明，重大事项应该陈述详细。易懂指的是内部控制审计报告应当能被大部分人看懂，所提出的审计建议应当具备可行性，而不是随意出具的审计结果。

2. 内部控制审计报告的结构

内部控制审计报告的结构见表 2-2。

表 2-2 内部控制审计报告的结构

项目	主要内容
审计概况	包括审计目标、审计范围、审计内容及重点、审计方法、审计程序及审计时间等
审计依据	实施审计所依据的相关法律法规、内部审计准则等规定
审计发现	对被审计单位的业务活动、内部控制和风险管理实施审计过程中所发现的主要问题的事实
审计结论	根据已查明的事实，对被审计单位业务活动、内部控制和风险管理所作的评价
审计意见	针对审计发现的主要问题提出的处理意见
审计建议	针对审计发现的主要问题，提出的改善业务活动、内部控制和风险管理的建议

3. 内部控制审计报告的主要内容

根据企业的内部控制评价情况和结果，审计人员要撰写内部控制审计报告。内部控制审计报告至少应当包括下列 8 项内容：

（1）董事会声明

董事会需要对本次内部控制审计报告的真实性、科学性作出声明，保证所出具的报告不存在任何弄虚作假的数据和结论。

（2）组织实施内部控制评价的总体情况

进一步明确本次内部控制评价的形式、进度和汇报途径等内容。

（3）内部控制评价的依据

确定本次评价活动的法律依据，一般包括《企业内部控制基本规范》、企业内部控制配套指引以及企业自身制定的内部控制相关规章制度。

（4）内部控制评价的范围

准确描述纳入内部控制的组织名称、业务事项，且不得遗漏经营管理的主要方面。

（5）内部控制评价的程序和方法

确定内部控制评价的具体步骤、各个岗位的职责分配，确定评价过程中使用的测评办法。

（6）内部控制缺陷及其认定

确定企业内部控制缺陷的认定标准和认定方法，根据标准确定企业内部存在的内部缺陷的类型（重大缺陷、重要缺陷和一般缺陷）。

（7）内部控制重大缺陷的整改措施

针对发现的内部控制重大缺陷，阐明企业拟采取的整改措施及预期效果。

（8）关于内部控制有效性的结论

若在内部控制评价期间并未发现存在重大缺陷，则出具评价期末内部控制有效性结论。若存在内部控制重大缺陷，则不能出具内部控制有效性结论，并需要对该重大缺陷进行成因分析，描述其状况及对企业内部控制的影响程度。

4. 内部控制审计报告的撰写步骤

内部控制审计报告撰写步骤如图 2-5 所示。

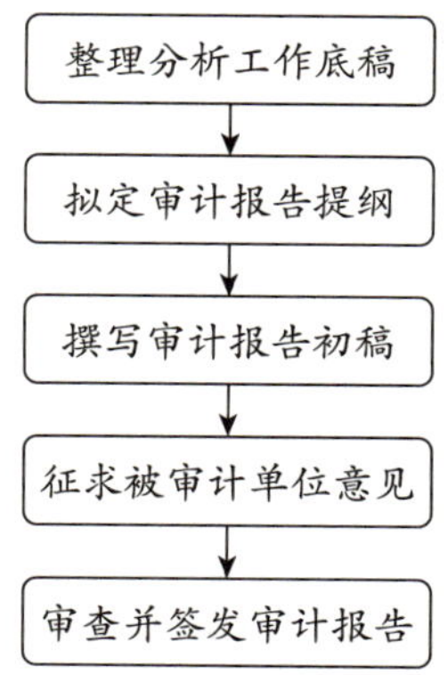

图 2-5 内部控制审计报告撰写步骤

【例 2-4】以下是某公司年度内部控制审计报告模板①。

××公司全体股东：

根据《企业内部控制基本规范》及其配套指引的规定和要求，结合本公司（以下简称公司）内部控制制度和评价办法，在内部控制日常监督和专项监督的基础上，我们对公司内部控制的有效性进行了自我评价。

一、董事会声明

公司董事会及全体董事保证本报告内容不存在任何虚假记载、误导性陈述或重大遗漏，并对报告内容的真实性、准确性和完整性承担个别及连带责任。

建立健全并有效实施内部控制是公司董事会的责任。监事会对董事会建立与实施内部控制进行监督。经理层负责组织领导公司内部控制的日常运行。

公司内部控制的目标是：〔**一般包括合理保证经营合法合规、资产安全、财务报告及相关信息真实完整，提高经营效率和效果，促进实现发展战略**〕。由于内部控制存在固有局限性，故仅能对实现上述目标提供合理保证。

① 本报告模板摘自财政部《关于印发企业内部控制规范体系实施中相关问题解释第 1 号的通知》，供企业在撰写报告时参考，企业可根据实际经营情况适当调整。

二、内部控制评价工作的总体情况

公司董事会授权内部审计机构〔**或其他专门机构**〕负责内部控制评价的具体组织实施工作，对纳入评价范围的高风险领域和单位进行评价〔**描述评价工作的组织领导体制，一般包括评价工作组织结构图、主要负责人及汇报途径等**〕。

公司〔**是/否**〕聘请了专业机构〔**中介机构名称**〕提供内部控制咨询服务；公司〔**是/否**〕聘请了专业机构〔**中介机构名称**〕协助开展内部控制评价工作；公司〔**是/否**〕聘请会计师事务所〔**会计师事务所名称**〕对公司内部控制进行独立审计。

三、内部控制评价的范围

内部控制评价的范围涵盖了公司及其所属单位的主要业务和事项〔**列明评价范围占公司总资产比例或占公司收入比例等**〕，重点关注下列高风险领域：

〔**列示公司根据风险评估结果确定的内部控制前十大主要风险**〕

纳入评价范围的单位包括：

〔**无需罗列单位名称，而是描述纳入评价范围单位的行业性质、层级等**〕

纳入评价范围的业务和事项包括〔**根据实际情况调整，未尽事项可以充实**〕：

（一）组织架构

（二）发展战略

（三）人力资源

（四）社会责任

（五）企业文化

（六）资金活动

（七）采购业务

（八）资产管理

（九）销售业务

（十）研究与开发

（十一）工程项目

（十二）担保业务

（十三）业务外包

（十四）财务报告

（十五）全面预算

（十六）合同管理

（十七）内部信息传递

（十八）信息系统

上述业务和事项的内部控制涵盖了公司经营管理的主要方面，不存在重大遗漏。

（如存在重大遗漏）公司本年度未能对以下构成内部控制重要方面的单位或业务（事项）进行内部控制评价。**〔逐条说明未纳入评价范围的重要单位或业务（事项），包括单位或业务（事项）描述、未纳入的原因、对内部控制评价报告真实完整性产生的重大影响等〕**

四、内部控制评价的程序和方法

内部控制评价工作严格遵循基本规范、评价指引及公司内部控制评价办法规定的程序执行〔**描述公司开展内部控制检查评价工作的基本流程**〕。

评价过程中，我们采用了（个别访谈、调查问题、专题讨论、穿行测试、实地查验、抽样和比较分析）等适当方法，广泛收集公司内部控制设计和运行是否有效的证据，如实填写评价工作底稿，分析、识别内部控制缺陷〔**说明评价方法的适当性及证据的充分性**〕。

五、内部控制缺陷及其认定

公司董事会根据基本规范、评价指引对重大缺陷、重要缺陷和一般缺陷的认定要求，结合公司规模、行业特征、风险偏好和风险承受度等因素，研究确定了适用本公司的内部控制缺陷具体认定标准，并与以前年度保持了一致〔**描述公司内部控制缺陷的定性及定量标准**〕，或作出了调整〔**描述具体调整标准及原因**〕。

根据上述认定标准，结合日常监督和专项监督情况，我们发现报告期内存在（**数量**）个缺陷，其中重大缺陷（**数量**）个，重要缺陷（**数量**）个。重大缺陷分别为：

（对重大缺陷进行描述，并说明其对实现相关控制目标的影响程度）

六、内部控制缺陷的整改情况

针对报告期内发现的内部控制缺陷（含上一期间未完成整改的内部控制缺陷），公司采取了相应的整改措施〔**描述整改措施的具体内容和实际效果**〕。对于整改完成的重大缺陷，公司有足够的测试样本显示，与重大缺陷〔**描述该重大缺陷**〕相关的内部控制设计且运行有效（运行有效的结论需提供90天内有效运行的证据）。

经过整改，公司在报告期末仍存在〔**数量**〕个缺陷，其中重大缺陷〔**数量**〕个，重要缺陷〔**数量**〕个。重大缺陷分别为：〔**对重大缺陷进行描述**〕。

针对报告期末未完成整改的重大缺陷，公司拟进一步采取相应措施加以整改〔**描述整改措施的具体内容及预期达到的效果**〕。

七、内部控制有效性的结论

公司已经根据基本规范、评价指引及其他相关法律法规的要求，对公司截至20××年12月31日的内部控制设计与运行的有效性进行了自我评价。

（存在重大缺陷的情形）报告期内，公司在内部控制设计与运行方面存在尚未完成整改的重大缺陷〔**描述该缺陷的性质及其对实现相关控制目标的影响程度**〕。由于存在上述缺陷，可能会给公司未来生产经营带来相关风险〔**描述该风险**〕。

（不存在重大缺陷的情形）报告期内，公司对纳入评价范围的业务与事项均已建立了内部控制，并得以有效执行，达到了公司内部控制的目标，不存在重大缺陷。

自内部控制评价报告基准日至内部控制评价报告发出日之间〔**是/否**〕发生对评价结论产生实质性影响的内部控制的重大变化。〔**如存在，描述该事项对评价结论的影响及董事会拟采取的应对措施**〕

我们注意到，内部控制应当与公司经营规模、业务范围、竞争状况和风险水平等相适应，并随着情况的变化及时加以调整。〔**简要描述下一年度内部控制工作计划**〕未来期间，公司将继续完善内部控制制度，规范内部控制制度执行，强化内部控制监督检查，促进公司健康、可持续发展。

董事长：（签名）

××公司

20××年××月××日

小结

本章介绍了内部控制及内部控制评价的相关内容。通过学习，学生应当理解内部控制的含义、实施内部控制的目的以及如何对内部控制进行评价。

本章的重点是内部控制的要素与方法，难点是在不同背景资料下熟练运用相关内部控制评价方法对企业的内部控制系统进行审计并提出相关审计意见。

思考与练习

一、简答题

1. 内部控制的要素主要有哪些？

2. 简述内部控制评价的程序。

3. 结合所学知识，简述进行内部控制评价的意义。

二、案例分析题

A 公司有以下岗位。请根据不相容职务分离控制的原则，说明哪些工作岗位不能由同一个人兼任，并说明理由。

1. 批准物资采购岗位。
2. 执行物资采购岗位。
3. 验收采购物资岗位。
4. 物资保管和发放岗位。
5. 物资保管账目记录岗位。
6. 物资明细账记录岗位。
7. 物资总账记录岗位。
8. 物资定期清查岗位。
9. 物资账实核对岗位。
10. 物资总账和明细账核对岗位。

第三章
销售与收款循环审计

学习目标

知识目标

1. 熟悉销售与收款循环的业务流程。
2. 掌握销售与收款循环的控制测试。
3. 掌握营业收入、应收账款、坏账准备及其他相关项目审计的主要实质性测试方法。

能力目标

1. 能够进行销售与收款的控制测试。
2. 能够对销售与收款循环审计中发现的问题进行分析和判断，并培养一定的案例分析能力。

【本章导学】

销售与收款循环是随着商品销售而发生的商品所有权转让及收回账款的业务过程。该循环是企业产品价值得以实现的过程，从客户提出订货要求开始，将商品或劳务转化为应收账款，至最终收回现金结束。企业的成品资金转化为货币资金，形成资金的一次完整循环。

在企业的日常经营中，应收账款是风险较高的项目，很多会计舞弊事项都会在应收账款中表现出来。例如，通过长期挂账、利用应收账款放贷等方式，使费用落入私人腰包或将利息转入“小金库”。

思维导图

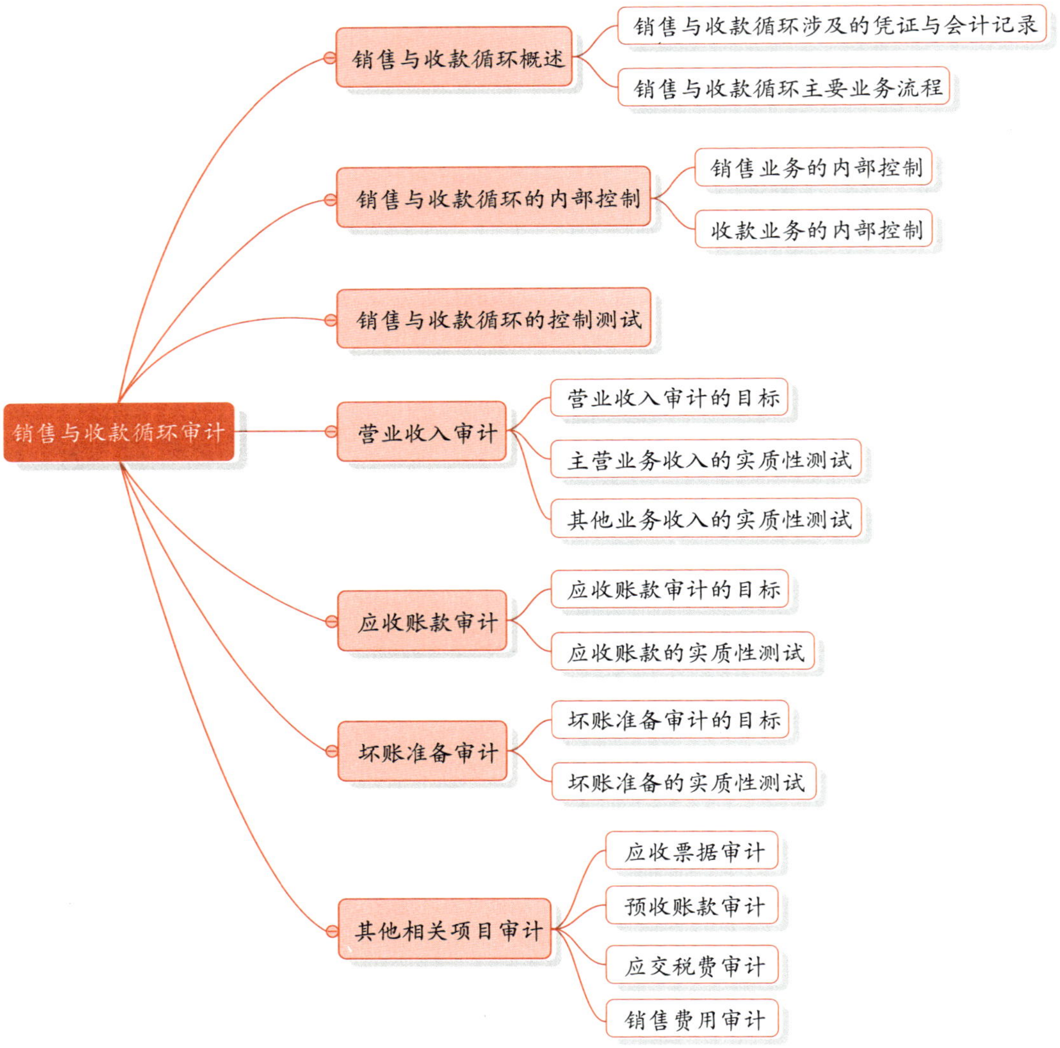

- 销售与收款循环审计
  - 销售与收款循环概述
    - 销售与收款循环涉及的凭证与会计记录
    - 销售与收款循环主要业务流程
  - 销售与收款循环的内部控制
    - 销售业务的内部控制
    - 收款业务的内部控制
  - 销售与收款循环的控制测试
  - 营业收入审计
    - 营业收入审计的目标
    - 主营业务收入的实质性测试
    - 其他业务收入的实质性测试
  - 应收账款审计
    - 应收账款审计的目标
    - 应收账款的实质性测试
  - 坏账准备审计
    - 坏账准备审计的目标
    - 坏账准备的实质性测试
  - 其他相关项目审计
    - 应收票据审计
    - 预收账款审计
    - 应交税费审计
    - 销售费用审计

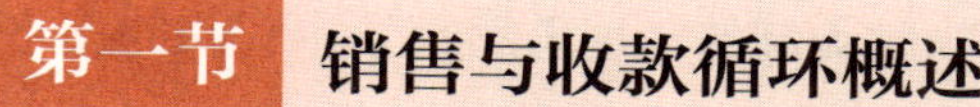

第一节　销售与收款循环概述

典型的销售与收款循环一般包括处理客户订货、批准赊销、发运商品、向客户开出账单并登记销货业务、定期对账、催收账款、收取货款并记录现金和银行存款收入、审批销售退回与折让、注销坏账、提取坏账准备等主要过程。销售与收款循环审计是审计人员对被审计单位收入与费用的真实性、合法性和正确性所进行的审计，包括收入与费用审计的目标与范围、控制测试和实质性测试程序。

销售可分为现销和赊销两种形式。销售过程中，应确认主营业务收入，结转主营业务成本，支付销售费用，计算和缴纳销售环节的各项税金等。

一、销售与收款循环涉及的凭证与会计记录

财务审计主要通过对会计账目与有关记录的审查证实经济活动的真实性、完整性与合法性。销售与收款循环涉及的凭证与会计记录如图 3-1 所示。

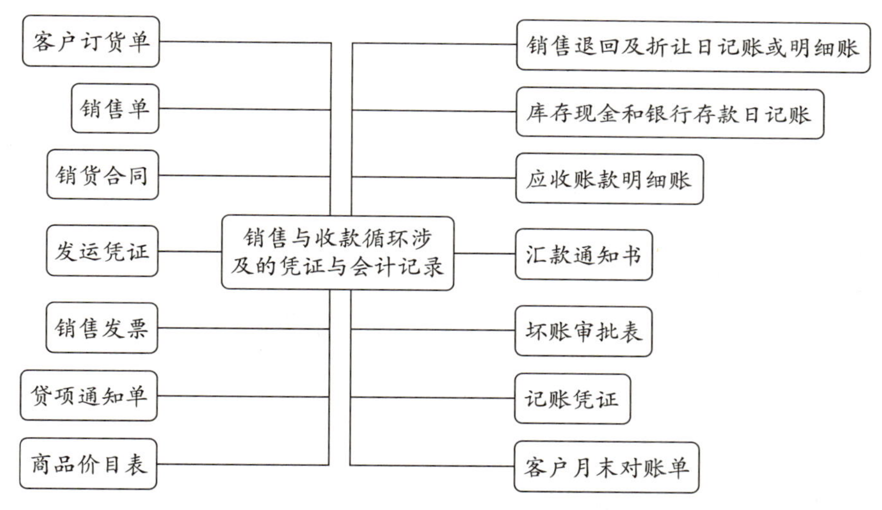

图 3-1　销售与收款循环涉及的凭证与会计记录

1. 客户订货单

客户订货单即客户提出的书面购货要求，企业可以采用电话、信函以及向现有及潜在的客户发送订单等方式取得客户订单。

2. 销售单

销售单是列示客户所订商品的名称、规格、数量以及其他与客户订货有关信息的凭证，可作为销售方内部处理客户订货单的依据。

3. 销货合同

销货合同是指销售货物的协议。

4. 发运凭证

发运凭证是在发运货物时编制的，用以反映发出商品的规格、数量和其他有关内容的凭证。发运凭证的一联寄送给客户，其余联（一联或数联）由企业保留。这种凭证可作为向客户开具账单的依据。

5. 销售发票

销售发票是一种用来表明已销售商品的规格、数量、价格、销售金额、运费、保险费、开票日期等内容的凭证。销售发票的一联或两联寄送给客户，其余联由企业保留。销售发票也是在会计账簿中登记销售交易的基本凭证。

6. 贷项通知单

贷项通知单是一种用来表示销售退回或经批准的折让所引起的应收销货款减少的凭证。这种凭证的格式通常与销售发票的格式相同，只不过它不是用来证明应收账款的增加，而是用来证明应收账款的减少。

7. 商品价目表

商品价目表是列示已经授权批准的、可供销售的各种商品的价格清单。

8. 销售退回及折让日记账或明细账

折让日记账或明细账是一种用来核算企业销售商品时，按销售合同规定，为了及早收回货款而给予客户的现金折扣，以及因商品品种、质量等原因给予客户的销售折让的日记账或明细账。当然，企业也可以不设置现金折扣和销售折让明细账，而将该类业务记入主营业务收入明细账。

9. 库存现金和银行存款日记账

库存现金和银行存款日记账是用来记录收回的应收账款或现销收入以及其他各种现金、银行存款收入和支出的日记账。

10. 应收账款明细账

应收账款明细账是用来记录每个客户各项赊销、现金收入、销售退回及折让的明细账。各应收账款明细账的余额合计数应与应收账款总账的余额相等。

11. 汇款通知书

汇款通知书是一种与销售发票一起寄给客户，由客户在付款时再寄回销售单位的凭证。这种凭证注明客户的姓名、销售发票号码、销售单位开户银行账号及金额等内容。如果客户付款时没有将汇款通知书寄回，一般应由接收邮件的人员在开拆邮件时代为编制一份汇款通知书。采用汇款通知书能使现金立即存入银行，可以改善对资产保管的控制。

12. 坏账审批表

坏账审批表是一种用来批准将某些应收账款注销为坏账的，仅在企业内部使用的凭证。

13. 记账凭证

记账凭证包括收款凭证和转账凭证。

14. 客户月末对账单

客户月末对账单是一种定期寄送给客户的，用于购销双方定期核对账目的凭证。客户月末对账单上应注明应收账款的月初余额、本月各项销货业务金额、本月已收到的货款、各贷项通知单的金额等内容。

二、销售与收款循环主要业务流程

销售与收款循环主要业务流程如图 3-2 所示。

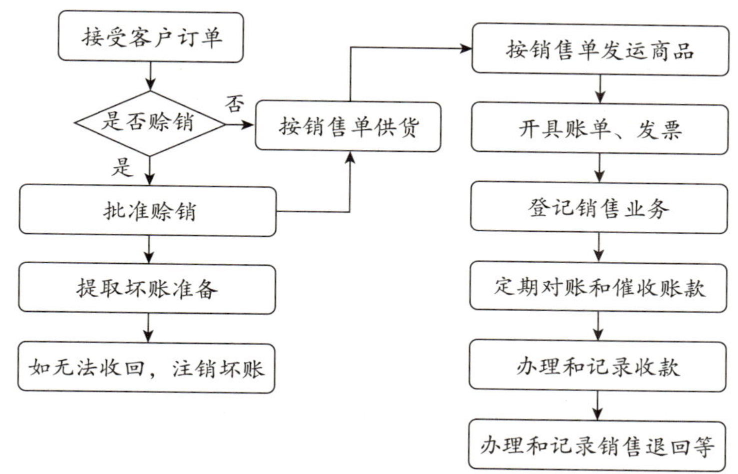

图 3-2　销售与收款循环主要业务流程图

在此过程中的部分重要环节工作内容如下：

1. 接受客户订单

客户提出订货要求是整个销售与收款循环的起点。大多数企业在接受了客户订单之后，下一步就是编制一式多联销售单。它是每一笔销售交易轨迹的起点。

2. 批准赊销

批准赊销是由信用管理部门根据管理层的赊销政策在每个客户已被授权的信用额度内进行的。信用管理部门在收到销售单管理部门提交的销售单后，应将销售单与该客户已被授权的信用额度及至今尚欠的账款余额加以比较。进行人工赊销信用检查时还应合理划分工作职责，以切实避免销售人员为扩大销售使企业承受不适当的信用风险。设计赊销批准控制的目的是降低坏账风险，因此，这些控制与应收账款账面余额的“计价和分摊”认定有关。

3. 发运商品

商品的发出往往是确认销售成立的标志之一。发运凭证是在发运货物时编制的，用以反映发出商品的规格、数量和其他有关内容的凭据。发运凭证的一联寄送给客户，其

余联（一联或数联）由企业保留。这种凭证可作为向客户开票、收款的依据。

4. 向客户开具账单、发票并登记销售业务

开具账单时最重要的是保证不漏开、不重开和不错开。根据实际发货的数量和批准的价格确定向客户应收的款项是开具恰当数额账单的关键。在销售日记账和应收账款明细账中恰当地记录销售业务，也是会计核算的一个重要部分。

5. 定期对账和催收账款

财务部门定期编制并向客户寄送对账单，编制账龄分析表，对回款超期、拖欠货款客户进行催收，并通知信用管理人员。

6. 办理和记录收款

在办理和记录现金、银行存款收入时，最应关心的是货币资金失窃的可能性。货币资金失窃可能发生在货币资金收入登记入账之前或登记入账之后，处理货币资金收入时最重要的是保证全部货币资金都必须如数、及时地记入库存现金、银行存款日记账或应收账款明细账，并如数、及时地将现金存入银行。在这方面，汇款通知书起着很重要的作用。

7. 办理和记录销售退回与折让

客户如果对商品不满意，销售企业一般会同意接受退货，或给予一定的销售折让。客户如果提前支付货款，销售企业可能给予一定的销售折扣。此类事项必须经授权批准并应确保办理此事的有关部门和员工各司其职，分别控制实际物流和会计处理。在这方面，严格使用贷项通知单无疑会起到关键的作用。

8. 提取坏账准备

坏账准备提取的数额必须能够抵补企业以后无法收回的本期销货款。

9. 注销坏账

不管赊销部门的工作如何主动，客户因宣告破产、死亡等原因而不支付货款的事情仍可能发生。企业若认为某项货款再也无法收回，就必须注销这笔货款。对这笔坏账，正确的处理方法应该是获取货款无法收回的确凿证据，经过审批后及时进行会计调整。

第二节 销售与收款循环的内部控制与控制测试

一、销售与收款循环的内部控制

1. 销售业务的内部控制

（1）不相容职务分离

不相容职务分离有助于防止各种有意或无意的错误。例如，主营业务收入账如果由

记录应收账款之外的人员独立登记，并由另一位不负责账簿记录的人员定期调节总账和明细账，就构成了一种自动相互牵制。规定负责主营业务收入和应收账款记账的人员不得经手货币资金，也是防止舞弊的一项重要控制措施。

另外，销售人员通常有一种乐观地对待销售数量的自然倾向。而不管它是否将以巨额坏账损失为代价，赊销的审批则可以在一定程度上抑制这种倾向。因此，赊销审批工作与销售工作的分离，也是一种理想的控制手段。

为确保办理销售与收款业务的不相容职务相互分离、制约和监督，一个企业应当将办理销售、发货、收款三项业务的岗位分别设立。

企业在销售合同订立前，应当指定专门人员就销售价格、信用政策、发货及收款方式等具体事项与客户进行谈判，谈判人员应至少有两人，并与订立合同的人员分开。编制销售发票开具通知单的人员应与开具销售发票的人员分开。销售人员应当避免接触销货现款。企业应收票据的取得和贴现必须经由保管票据以外的主管人员的书面批准。

（2）正确的授权审批

对于授权审批问题，审计人员应当关注以下几个关键点的审批程序：

1）在销售发生之前，赊销已经正确审批。

2）非经正确审批，不得发出货物。

3）销售价格、销售条件、运费、折扣等必须经过审批。

4）审批人应当根据销售与收款授权批准制度的规定，在授权范围内进行审批，不得超越审批权限。

5）对于超出单位既定销售政策和信用政策规定范围的特殊销售交易，单位应当进行集体决策。

上述前两项程序的目的在于防止企业因向虚构的或者无力支付货款的客户发货而蒙受损失。价格审批控制的目的在于保证销售交易按照企业定价政策规定的价格开票收款。设定授权审批范围的目的在于防止因审批人决策失误而造成严重损失。

（3）充分的凭证和记录

各企业每一项交易的产生、处理和记录等方面的制度都有其特点，因此很难评价其各项控制措施是否足以发挥最大的作用。然而，只有具备一定的记录手续，才有可能实现其他各项控制目标。例如，有的企业在收到客户订货单后，就立即编制一份预先编号的一式多联的销售单，分别用于批准赊销、审批发货、记录发货数量及向客户开具账单等。在这种制度下，只要定期清点销售发票，漏开账单的情况几乎就不会发生。相反的情况是，有的企业只在发货以后才开具账单，如果没有其他控制措施，这种制度下漏开账单的情况就很可能会发生。

（4）凭证的预先编号

对凭证预先进行编号，旨在防止销售以后忘记向客户开具账单或登记入账，也可防止重复开具账单或重复记账。当然，如果对凭证的编号不进行清点，预先编号就会失去控制意义。收款员对每笔销售业务开具账单后，将发运凭证按顺序归档，而由另一位职工定期检查全部凭证的编号，并调查凭证缺号的原因。这是实施此种控制的一种方法。

（5）按月寄出对账单

由不负责现金收付、销售及应收账款记账的人员按月向客户寄出对账单，能促使客户发现应付账款余额不正确后及时反馈有关信息，因而这是一项有用的控制措施。为了使这项控制措施更加有效，最好将账户余额中出现的所有核对不符的账目，指定一位既不掌握货币资金也不记录主营业务收入和应收账款账目的主管人员处理。

（6）内部核查

由内部审计人员或其他独立人员核查销售交易的处理和记录，是实现内部控制目标不可缺少的一项控制措施，具体的核查程序见表 3-1。

表 3-1　内部核查程序表

内部控制目标	内部核查程序举例
登记的销售交易是真实的	核查销售发票的连续性并核查所附的佐证凭证
销售交易均应经审批	了解客户的信用状况，确定是否符合企业的赊销政策
所有销售交易均已登记入账	核查发运凭证的连续性，并与主营业务收入明细账核对
登记入账的销售交易均有正确定价	将销售发票上的金额与发运凭证上的记录核对
登记入账的销售交易分类恰当	将登记入账的销售交易原始凭证与会计科目表核对
销售交易记录及时	检查开票员保管的未开票发运凭证，确定是否包含所有的应开票发运凭证
销售交易已正确记入明细账并正确汇总	从发运凭证追查至主营业务收入明细账和总账

2. 收款业务的内部控制

（1）企业应当按照《现金管理暂行条例》《支付结算办法》《企业内部控制应用指引第 6 号——资金活动》等规定，及时办理销售收款业务。

（2）企业应将销售收入及时入账，不得账外设账，不得擅自坐支现金。销售人员应当避免接触销货现款。

（3）企业应当建立应收账款账龄分析制度和逾期应收账款催收制度。销售部门应当负责应收账款的催收，财务部门应当督促销售部门加紧催收。对催收无效的逾期应收账款可通过法律程序解决。

（4）企业应当按客户设置应收账款明细账，及时登记每一位客户应收账款余额增减变动情况和信用额度使用情况。对长期往来客户应当建立完善的客户资料，并对客户资料实行动态管理，及时更新。

（5）企业对于可能成为坏账的应收账款应当报告有关决策机构，由其进行审查，确认是否为坏账。发生的各项坏账应查明原因，明确责任，并在执行规定的审批程序后进行会计处理。

（6）企业注销的坏账应当备查登记，做到账销案存。已注销的坏账又收回时应当及时入账，防止形成账外款。

（7）企业应收票据的取得和贴现必须经由保管票据以外的主管人员书面批准。应由专人保管应收票据。对于即将到期的应收票据，应及时提示付款人付款。已贴现票据应在备查簿中登记，以便日后追踪管理。同时，应设计逾期票据的冲销管理程序，制定逾期票据追踪监控制度。

（8）企业应当定期与往来的客户通过函证等方式核对往来款项。如有不符，应查明原因并及时处理。

二、销售与收款循环的控制测试

在了解销售与收款循环内部控制的基础上，审计人员只对那些准备信赖的内部控制执行测试，并且只有当信赖内部控制而减少的实质性测试的工作量大于控制测试的工作量时，控制测试才是必要和经济的。销售与收款循环的控制测试如图 3-3 所示。

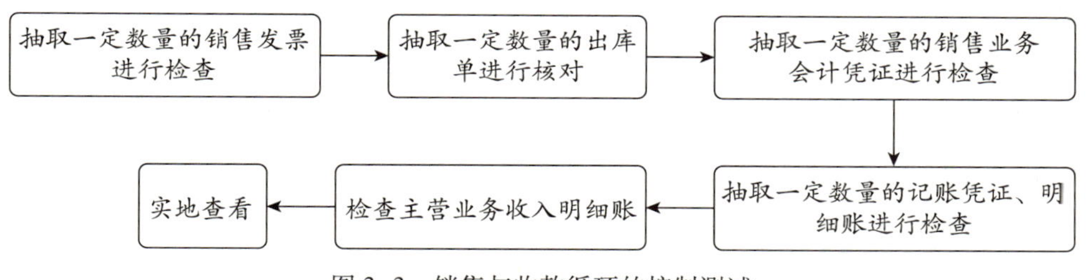

图 3-3　销售与收款循环的控制测试

1. 抽取一定数量的销售发票进行检查

（1）检查开票人员是否按照顺序开具发票，作废的发票是否加盖“作废”戳记。

（2）将销售发票与相关的销售通知单、销售订单、出库单核对。销售通知单上应有信用管理部门有关人员核准赊销的签字。

（3）检查销售发票中所列的数量、单价和金额是否正确。将销售发票中所列商品的单价与商品价目表的价格进行核对，验算发票金额的正确性。

（4）从销售发票追查至有关记账凭证、应收账款明细账等，确定被审计单位是否及

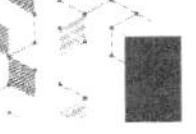

时、准确地登记有关凭证、账簿。

2. 抽取一定数量的出库单进行核对

抽取一定数量的出库单，将其与相应的发票相核对，检查已发出的商品是否均已向客户开出发票。

3. 抽取一定数量的销售业务会计凭证进行检查

（1）确定销售退回与折让的批准职务与贷项通知单的签发职务是否分离。

（2）确定现金折扣是否经过授权，授权人与收款人的职务是否分离。

（3）检查销售退回和折让是否附有按顺序编号并经过主管人员核准的贷项通知单。

（4）检查退回的商品是否具有仓库签发的退货验收报告（或入库单），并将验收报告上的数量、金额与贷项通知单等核对。

（5）确定退货、折扣、折让的会计记录是否正确。

4. 抽取一定数量的记账凭证、明细账进行检查

（1）检查记账凭证与明细账

从应收账款明细账中抽取一定数量的会计记录并与相应的记账凭证进行核对，比较两者登记的时间、金额是否一致。

（2）检查注销坏账

从应收账款明细账中抽查一定数量的坏账注销记录，并与相应的记账凭证、原始凭证进行核对，确定坏账的注销是否合乎有关法律法规的规定。

（3）确定被审计单位是否定期与客户对账

将被审计单位一定期间的对账单与相应的应收账款明细账的余额进行核对。如果有差异，则应进行追查。

5. 检查主营业务收入明细账

从主营业务收入明细账中抽取一定数量的会计记录，并与有关的记账凭证、销售发票核对，以确定是否存在收入高估或低估的情况。

6. 实地查看

（1）查看被审计单位是否按月寄出对账单，并检查客户回函档案。

（2）查看职工获得或接触资产、凭证和记录的途径。

（3）查看职工在授权、发货、开票、记账时的表现，确定被审计单位是否存在不相容职务未分离，内部控制在执行过程中是否存在弊端。另外，在对销售与收款循环内部控制进行测试的基础上，审计人员应当对该循环内部控制制度的健全情况、执行情况和控制风险作出评价，以确定其可信赖程度及存在的薄弱环节，确定实质性测试的性质、时间和范围。可将控制薄弱的环节作为实质性测试的重点，以降低检查风险，将审核风

险控制在可接受的水平。

第三节　营业收入审计

“营业收入”科目用于核算企业在销售商品、提供劳务等主营业务活动中所产生的收入，以及企业确认的除了主营业务活动以外的其他经营活动实现的收入。

一、营业收入审计的目标

1. 确认记录的营业收入是否已发生，且与被审计单位有关。

2. 确定营业收入记录是否完整。

3. 确定与营业收入有关的金额及其他数据是否已正确记录，包括对销售退回、销售折扣与折让的处理是否恰当。

4. 确定营业收入是否已记录于正确的会计期间。

5. 确定营业收入的内容是否正确。

6. 确定财务报表中营业收入的披露是否恰当。

二、主营业务收入的实质性测试

营业收入包括主营业务收入和其他业务收入，以下主要介绍主营业务收入的实质性测试。

1. 将主营业务收入的账簿记录与有关凭证（或报表）进行核对

（1）取得或者编制主营业务收入明细表，复核加计是否正确，并与总账数和明细账合计数核对，检查是否相符。同时，结合“其他业务收入”科目数额，与报表数核对，检查是否相符。

（2）抽查销售业务的原始凭证（如发票、发货单），并追查至相应的记账凭证及明细账，确定销售收入是否真实，销售记录是否准确、完整。

（3）从主营业务收入明细账中挑选若干样本，与相应的发票、订单、发货单的内容进行核对，并验算发票金额的准确性。

（4）结合对资产负债表日应收账款的函证程序，检查有无未经客户认可的销售收入。

2. 进行实质性分析

（1）将本期与上期的主营业务收入进行比较，分析产品销售结构和价格的变动是否正常，并分析异常变动的原因。

（2）比较本期各月各种主营业务收入的波动情况，分析其变动趋势是否正常，是否符合被审计单位季节性、周期性的经营规律，并查明异常现象和重大波动原因。

（3）计算本期重要产品的毛利率，分析比较同类产品本期与上期毛利率变化情况，

注意收入与成本的比例是否适当，并查清重大波动和异常情况的原因。

（4）计算重要客户的销售额及产品毛利率，分析比较本期与上期有无异常变化。

（5）将上述分析结果与同行业企业本期相关资料进行对比分析，检查是否存在异常。

3. 查明主营业务收入的确认原则、方法

（1）采用交款提货销售方式时，应着重检查被审计单位是否收到货款或取得收取货款的权利，发票、账单和提货单是否已交付购货单位。应注意有无扣压结算凭证，将当期收入转入下期入账，或者通过虚记收入、开假发票、虚列购货单位，将当期未实现的收入虚转为收入记账并在下期冲销的现象。

（2）采用预收货款销售方式时，应重点检查被审计单位是否收到了货款，商品是否已经发出。应注意是否存在对已收货款并已发出商品的交易不入账而是转为下期收入，或开具虚假出库凭证、虚增收入等现象。

（3）采用托收承付结算方式时，应重点检查被审计单位是否已发货，托收手续是否办妥，货物发运凭证是否真实，托收承付结算回单是否正确。

（4）委托其他单位代销商品时，应注意查明有无未销售商品、编制虚假代销清单、虚增本期收入的现象。如果代销单位采用收取手续费方式，应在代销单位将商品销售，企业已收到代销单位代销清单时确认收入的实现。

4. 检查开票情况

根据增值税发票的申领情况估算全年收入，将其与实际收入入账金额核对，并检查是否存在虚开发票或已销售但未开发票的情况。

5. 检查商品售价

获取商品价目表，抽查售价是否符合定价政策，并注意销售给关联方或关系密切的重要客户的商品价格是否合理，有无低价或高价结算以转移收入和利润的现象。

6. 实施截止测试

截止测试是指在审计过程中，对于某一特定时间段内的数据或业务进行测试的审计方法。截止测试是实质性测试中常用的一种审计方法，广泛用于货币资金、往来款项、存货、营业收入等项目的审计中。对主营业务收入实施截止测试，目的在于确定被审计单位主营业务收入的会计记录归属期是否一致，应计入本期或下期的主营业务收入是否被推延至下期或提前至本期。在审核中应该注意把握三个与主营业务收入确认有密切关系的日期：一是发票开具日期或者收款日期，二是记账日期，三是发货日期。

这里的发票开具日期是指开具增值税专用发票或普通发票的日期，记账日期是指被审计单位确认主营业务收入实现并将该笔经济业务记入“主营业务收入”账户的日期，发货日期是指仓库开具出库单并发出库存商品的日期。

在审计实务中，可以选择三条审计路线实施主营业务收入的截止测试。

（1）以账簿记录为起点

从资产负债表日前后若干天的账簿记录查至记账凭证，检查发票与发运凭证，目的是证实已入账收入是否在同一期间已开具发票，是否多记收入。

（2）以销售发票为起点

从资产负债表日前后若干天的发票查至发运凭证与账簿记录，确定已开具发票的货物是否已发货并于同一会计期间确认收入，查明有无漏记收入现象。在此过程中应注意两点。

一是相应的发运凭证是否齐全，特别应注意有无报告期内已作收入而下期期初用红字冲销，并且无发货、收货记录，以此调节前后期利润的情况。

二是被审计单位的发票是否已全部提供，有无隐瞒。为此应查看被审计单位的发票领购簿，尤其应关注发票领购和使用情况。

（3）以发运凭证为起点

从资产负债表日前后若干天的发运凭证查至发票开具情况与账簿记录，确定主营业务收入是否已记入恰当的会计期间。

7. 检查有无未经客户认可的巨额销售

结合对资产负债表日应收账款的函证程序，检查有无未经客户认可的巨额销售。

8. 检查销售退回与折扣、折让

检查销售退回、销售折扣与折让业务是否真实，内容是否完整，相关手续是否符合规定，折扣与折让的计算和会计处理是否正确。

（1）将退回商品有关账户的账面金额与贷项通知单的记录进行核对。

（2）取得被审计单位有关折扣与折让的具体规定和其他文件资料，抽查较大发生额的折扣与折让的授权批准情况，与实际执行情况进行核对，检查其是否经过授权批准，是否合法、真实。

（3）检查销售退回的商品是否已验收入库并登记入账，是否形成账外物资，销售折扣与折让是否及时足额结算，有无虚设中间企业、转移收入、私设账外“小金库”等情况。

（4）确定折扣与折让的金额是否正确。

（5）确定退货、折扣、折让的会计记录是否合理。

9. 检查主营业务收入

确定主营业务收入在利润表中是否已充分披露。

10. 主营业务收入中常见的舞弊手法

（1）虚构客户，对并不存在的销售业务按正常销售程序进行模拟运转，包括伪造客户印章、客户订单、发运凭证、销售合同，开具虚假销售发票等。

（2）以真实客户为基础虚增销售。某些公司为了粉饰业绩，在原销售业务的基础上虚构销售业务，人为扩大销售数量，使其在客户名下确认的收入大于实际收入。

（3）利用与某些公司的特殊关系伪造销售收入。某些公司将产品销售给与其没有关联关系的第三方，再由其子公司将产品从第三方购回，从而增加销售收入，并避免公司内部销售收入的抵消。

（4）人为改变销售收入入账时间，调节销售收入。某些公司为了调节各会计期间的经营业绩，往往对销售期间进行不恰当的分割，提前或延后确认收入。

（5）对有附加条件的已发出商品全额确认销售收入。某些公司将商品销售给购货方的同时，赋予其一定的销售退货权，此时，尽管商品已发出，但与交易相关的经济利益未必能全部流入本公司，只能将估计不能发生退货的部分确认为收入，但公司为了提高业绩却将其全额确认为收入。

（6）发票管理中的不法行为。某些公司开“阴阳票”，代他人开票，虚开发票等，给偷税、漏税、贪污、盗窃、私设“小金库”等违法行为提供条件。

（7）有意或者无意漏记销售收入。某些公司只记主要产品的销售收入，不记半成品、边角料等的销售收入，不记特殊销售收入，如将自产产品用于在建工程等。

【例 3-1】某会计师事务所的审计人员于 2020 年 4 月 10 日对 A 公司上年度销售业务进行审查时，发现 2019 年 12 月 31 日 A 公司出售给 M 公司 6 000 件甲产品，销售金额为 60 万元（不含增值税），以应收账款入账，其会计分录如下：

借：应收账款　　600 000

　　贷：主营业务收入　　600 000

疑点：A 公司此笔年末销售收入是否正确。

审计人员随后审查 2020 年年初的销售记录，发现该批产品被退回，账目以红字冲销。审计人员又审查 2019 年的销售合同，未发现有此笔销售业务的销售合同。

A 公司在大量的审计证据面前，承认该笔销售业务是虚构的，意图达到虚增销售收入、虚增利润的目的。关于此笔销售业务，审计人员提请 A 公司调整相关的会计处理，并调整财务报表的相关项目。相关会计分录如下：

借：以前年度损益调整　　600 000

贷：应收账款	600 000
借：应交税费——应交所得税	150 000
盈余公积	45 000
贷：以前年度损益调整	195 000
借：本年利润——未分配利润	405 000
贷：以前年度损益调整	405 000

三、其他业务收入的实质性测试

1. 获取或编制其他业务收入明细表并进行检查。具体程序是：

（1）复核加计是否正确，并与总账数和明细账合计数核对，确保相符。

（2）注意其他业务收入是否有相应的成本。

（3）检查是否存在技术转让收入等免税收益，如存在应调减应纳税所得额。

2. 计算本期其他业务收入与其他业务成本的比率，并与上期该比率比较，检查是否有重大波动。如有则应查明原因。

3. 检查其他业务收入内容是否真实、合法，收入确认原则及会计处理是否符合规定。需要抽查原始凭证进行核实。

4. 对异常项目，应追查入账依据及有关法律文件是否充分。

5. 抽查资产负债表日前后一定数量的记账凭证，实施截止测试，追查至发票、收据等，确定入账时间是否正确，对于重大跨期事项提出必要的调整建议。

6. 确定财务报表中其他业务收入的列报是否恰当。

第四节　应收账款审计

一、应收账款审计的目标

1. 确定应收账款是否存在。

2. 确定应收账款是否归被审计单位所有。

3. 确定应收账款及其坏账准备的记录是否完整。

4. 确定应收账款是否可以收回；确定坏账准备的计提方法和比例是否恰当，计提是否充分。

5. 确定应收账款及其坏账准备的期末余额是否正确。

6. 确定财务报表中应收账款及其坏账准备的列报是否恰当。

二、应收账款的实质性测试

1. 获取或编制应收账款明细表

（1）复核加计是否正确，并与总账数和明细账合计数核对，确保相符。将“坏账准备”科目金额与报表数核对，确保相符。

（2）检查应收账款账龄分析是否正确。应收账款的账龄是指资产负债表中的应收账款从销售实现、产生应收账款之日起，至资产负债表日止所经历的时间。编制应收账款账龄分析表时，可选择重要的客户及其余额列示，将不重要的或余额较小的客户汇总列示。应收账款账龄分析表的合计数减去已计提的相应坏账准备后的净额，应该等于资产负债表中的应收账款项目余额。应收账款账龄分析表的格式见表3-2。

表3-2 应收账款账龄分析表

年 月 日

客户名称	期末余额	账龄			
		1年以内	1~2年	2~3年	3年以上
合计					

（3）分析有贷方余额的项目，查明原因。必要时，建议进行重分类调整。

（4）结合预收款项等往来项目的明细余额，查明有无同挂账的项目或与销售无关的其他款项。如有则应记录，必要时提出调整建议。

2. 进行实质性分析

（1）复核“应收账款”账户借方累计发生额与主营业务收入是否匹配，如存在不匹配的情况应查明原因。

（2）在明细表上标注重要客户，并编制重要客户应收账款增减变动表，与上期比较，分析是否发生变动。必要时收集客户资料并分析其变动的合理性。

（3）计算应收账款周转率或应收账款周转天数等指标，并与被审计单位上年指标、同行业同期相关指标对比分析，检查是否存在重大异常情况。

3. 向债务人函证应收账款

函证应收账款的目的在于证实“应收账款”账户余额的真实性、正确性，防止或发现被审计单位及其有关人员在销售过程中发生的错误或舞弊行为。审计人员应当考虑被审计单位的经营环境、内部控制的有效性、“应收账款”账户的性质、被询证者处理询证函的习惯做法及回函的可能性等，以确定应收账款函证的范围、对象、方式和时间。该程序必须执行，除非应收账款对财务报表不重要或被询证者不认真对待。

（1）函证的范围与对象

一般情况下，审计人员在确定函证的范围和对象时，主要考虑金额较大的客户、账龄较长的项目、交易频繁但期末余额较小的项目、重大关联方交易、重大或异常的交易、可能存在争议以及产生重大错误或舞弊的业务。除此之外，还需综合考虑以下因素：

1）应收账款在资产中所占的比重。如果应收账款在资产中占的比重较大，函证的范围通常也较大。

2）被审计单位内部控制的强弱。如果被审计单位的内部控制制度比较完善且执行情况一贯良好，则可以相应地减少函证的数量。

3）以前年度的函证结果。如果以前年度函证中发现重大差错或拖欠纠纷，则函证范围应适当扩大。

4）函证方式的选择。可以采用积极式函证和消极式函证相结合的函证方式，若选用积极式函证的方式则可以适当减少函证的数量。

5）当被审计单位管理层要求对拟函证的某些账户余额或其他信息不实施函证时，审计人员应当考虑该项要求是否合理。如果认为管理层的要求合理，审计人员应当实施替代审计措施，以获取与这些账户余额或信息有关的适当的审计证据。如果认为管理层的要求不合理，且被其阻止而无法实施函证，审计人员应当将此视为审计范围受到限制，并考虑对审计报告的影响。

（2）函证的时间

为了充分发挥函证的作用，审计人员通常以资产负债表日为截止日，在资产负债表日后适当时间内实施函证。如果重大错报风险被评估为低水平，审计人员可选择资产负债表日前适当日期为截止日实施函证，并对所函证项目自该截止日起至资产负债表日止发生的变动实施实质性测试。

（3）函证的实施与评价

当实施函证时，审计人员应当对选择被询证者、设计询证函以及发出和收回询证函保持控制。审计人员应当采取下列措施对函证实施过程进行控制：

1）将被询证者的名称、地址与被审计单位有关记录核对。

2）将询证函中列示的账户余额或其他信息与被审计单位有关资料核对。

3）在询证函中指明直接向接受委托的会计师事务所回函。

4）询证函经被审计单位盖章后，由审计人员直接发出。

5）针对发出询证函的情况形成审计工作记录。

6）针对收回的回函形成审计工作记录，并汇总统计函证结果。

如果被询证者以传真、电子邮件等方式回函，审计人员应当直接接收，并要求被询

证者寄回询证函原件。如果无法对应收账款进行函证，则应实施替代审计措施。

替代审计措施包括检查与销售有关的凭证（包括销售单、销售发票、发货单等），或者检查资产负债表日后的收款凭证。资产负债表日后的收款间接地证明了资产负债表日的应收账款确实存在。替代审计措施应当能够提供实施函证所能提供的具有同样效果的审计证据。如果实施函证和采取替代审计措施都不能提供财务报表所认定的充分、适当的审计证据，审计人员应当实施追加的审计程序。

在评价实施函证和采取替代审计措施获取的审计证据是否充分、适当时，审计人员应当考虑的事项包括：函证和替代审计措施的可靠性，不符事项的原因、频率、性质和金额，实施其他审计程序获取的审计证据。

在评价函证的可靠性时，审计人员应当考虑的事项包括：对询证函的设计、发出及收回的控制情况，被询证者的胜任能力、独立性、授权回函情况、对函证项目的了解及其客观性，被审计单位施加的限制或回函中的限制。

如果有迹象表明收回的询证函不可靠，审计人员应当实施适当的审计程序进行证实或消除疑虑。审计人员应当考虑不符事项是否构成错报及其对财务报表可能产生的影响，并将结果形成审计工作记录。如果不符事项构成错报，审计人员应当重新考虑所实施审计程序的性质、时间和范围。

【例 3-2】某会计师事务所在对 A 公司 2018 年应收账款进行审计时，对截至 2018 年 11 月 30 日的应收账款实施了函证。

1. 在回函中，有 5 位客户提出了以下意见：

（1）本公司资料处理系统无法复核贵公司的对账单。

（2）所欠余额 30 万元已于 2017 年 11 月 22 日付讫。

（3）经查，贵公司 2018 年 11 月 30 日的第 11456 号发票（金额为 13 400 元）所涉及业务系目的地交货，本公司收货日期为 12 月 6 日，因此询证函所称 11 月 30 日欠贵公司账款之事与事实不符。

（4）本公司曾于 2018 年 10 月预付货款 200 万元，足以抵付对账单中所列两张发票的金额 9 万元。

（5）从未收到所购货物。

2. 针对以上 5 种情况，该会计师事务所应分别进行如下处理：

（1）此种情况下应采取替代审计措施，主要是审查客户订货单、销售合同、发票、货运文件、收款凭证等文件、资料，验证形成应收账款的销货交易是否确实发生。

（2）此种情况可能是时间差异造成的，应审查收款凭证，看货款是否收到及收到的日期。如果函证日之前货款已收到则可能是记账错误，即收到货款时贷记另一家客户的明细账户，应审查账户记录并对贷记账户的客户进行函证。

（3）此种情况很有可能是被审计单位在货物所有权尚未转移前就已认定销售实现。应审查销售发票和有关的销售合同、协议。

（4）应查明预收货款是否确实收到并已入账。如查明确实已收到并入账，应提请A公司进行相应的会计处理。

（5）审核货运文件等资料以查明货物是否已运出。如确已运出，应将货运文件提请重新查证。如确未运出，应提请A公司调账处理。

4. 检查未函证应收账款

对未发询证函的应收账款，应抽查有关原始凭证，如销售发票等，以验证与其相关的应收账款的真实性和可收回性。如逾期或有其他异常事项，由被审计单位作出合理解释，必要时进行函证。

5. 进行截止测试

结合主营业务收入的审计，在应收账款明细账中挑选一定数量的资产负债表日前后的样本，核对应收账款明细账与主营业务收入明细账、库存现金日记账、银行存款日记账及相关原始凭证的金额或数量是否相符，并确定有关业务（销售、收款）是否已被记入恰当的会计期间。

在赊销业务中，基本的原则是如果发货单（或提货单）与销售发票的时间属于不同年度，应以发货单（或提货单）上的时间为准，登记相关的应收账款明细账和主营业务收入明细账。

6. 进行所有权测试

审计人员复查会计记录、银行确认函、法律信函和其他相关记录，并从管理层获取有关应收账款所有权的陈述，确定企业对其账面记录的应收账款是否拥有所有权。

7. 确认已收回的应收账款余额

请被审计单位协助，在应收账款明细表上标出至审计时已收回的应收账款金额。对已收回金额较大的款项进行常规检查，如核对收款凭证、银行对账单、销售发票等，并注意相关业务发生日期的合理性。

8. 检查坏账的确认和处理

（1）检查有无债务人破产或者死亡的，或者破产和遗产清查后仍无法收回的，或者债务人长期未履行清偿义务的应收账款。

（2）检查被审计单位坏账的处理是否经授权批准，有关会计处理是否正确。

（3）按计提坏账准备的范围、标准测算已提坏账准备是否充分，并核对坏账准备总额与报表数是否相符。

9. 抽查有无不属于结算业务的债权

不属于结算业务的债权，不应在应收账款中进行核算。因此，应抽查应收账款明细账并追查有关原始凭证，查证被审计单位有无不属于结算业务的债权。如有，则应记录或建议被审计单位适当调整。

10. 分析应收账款明细账余额

应收账款明细账的余额一般在借方。在分析应收账款明细账余额时，如果发现应收账款明细账贷方出现余额的情形，应查明原因，必要时建议进行重分类调整。

11. 确定应收账款是否已在资产负债表中恰当披露

如果被审计单位为上市公司，则其财务报表附注通常应披露应收账款的账龄情况、期末欠款金额较大的单位账款，以及持有5%以上（含5%）股份的股东单位账款等情况。

12. 应收账款中常见的舞弊手法

（1）应收销货款长期挂账，购销双方彼此渔利。例如，销售人员与财务人员共谋，向购货单位索取所欠应收账款使用费而延长收款，造成应收账款长期挂账，而使用费落入私人腰包。

（2）坏账损失不加处理，有意制造潜亏。例如，某企业有一笔挂账3年之久的应收账款，相关往来企业已进入破产清算程序，破产债权无法得以实现。企业本应将此笔无法收回的应收账款记入“坏账准备”账户的借方，但考虑到这样势必影响报表数据，企业决定此笔应收账款暂不转销，继续挂在往来账上。这样会导致人为调节资产、利润的不利后果。

（3）利用坏账损失转移资金。例如，企业收到客户归还的以前年度欠款，收款后直接开出一张相同的现金支票，提取现金后将之转入企业“小金库”，用于业务招待及购买福利用品开销，之后再将此笔应收账款作为坏账处理，直接转销，计入信用减值损失，并保持账面的平衡关系。

（4）利用应收账款放贷，将利息转入“小金库”。例如，当企业收到外单位归还的欠款时，不记银行日记账，而是签发相同金额的转账支票，有偿转借给另一个单位。对银行存款付出也不记银行日记账，收取利息后不记收入，转入“小金库”。

（5）虚列应收账款，虚增销售收入。例如，企业为了体现经营业绩，人为地虚列销售收入、挂往来账、虚增利润，待下月初再用红字将此笔虚列的往来账冲销。

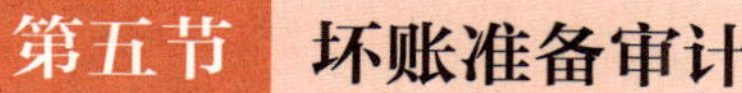

第五节　坏账准备审计

一、坏账准备审计的目标

1. 确定计提坏账准备比例是否恰当，坏账准备是否充分。

2. 确定坏账准备增减变动的记录是否完整。

3. 确定坏账准备年末余额是否正确。

4. 确定坏账准备在财务报表中的披露是否恰当。

二、坏账准备的实质性测试

1. 取得或编制坏账准备明细表，复核加计是否正确，与坏账准备总账数、明细账合计数核对，确保相符。

2. 将应收账款坏账准备本期计提数与信用减值损失相应明细项目的发生额核对，确保相符。

3. 检查应收账款坏账准备计提和核销的批准程序，评价坏账准备所依据的资料、假设及计提方法。

4. 实际发生坏账损失的，检查转销依据是否符合有关规定，会计处理是否正确。

5. 检查长期挂账应收账款。应检查应收账款明细账及相关原始凭证，查找有无资产负债表日后仍未收回的长期挂账应收账款。如有则应提请被审计单位适当处理。

6. 检查函证结果。对债务人回函中反映的例外事项及存在争议的余额，应查明原因并记录。必要时，应建议被审计单位进行相应调整。

7. 执行分析程序。通过计算坏账准备余额占应收账款余额的比例并和以前期间比较，评价应收账款坏账准备计提的合理性。

8. 确定应收账款、坏账准备的披露是否恰当。企业应当在财务报表附注中清晰地说明坏账的确认标准、坏账准备的计提方法和计提比例。

【例 3-3】C 公司按应收账款年末余额的 3%计提坏账准备，“坏账准备——应收账款”账户年初贷方余额为 5 万元，借方发生额为 2 万元，另收回上年已注销的坏账 12 000 元。相关会计分录如下：

借：银行存款　　12 000

　　贷：其他应付款　　12 000

年末应收账款余额为 60 万元，会计人员计提坏账准备，其会计分录为：

借：信用减值损失 12 000

贷：坏账准备——应收账款 12 000

要求：指出存在的问题并提出调整建议。

1. 存在问题

（1）收回已注销的坏账应增加坏账准备，该公司将其计入其他应付款为私设“小金库”或贪污舞弊提供了条件。

（2）年末公司应冲销坏账准备 24 000 元（50 000−20 000+12 000−600 000×3%），该公司反而又计提了 12 000 元，虚增信用减值损失 36 000 元。

2. 调整建议

（1）调整其他应付款和应收账款

借：其他应付款 12 000

贷：应收账款 12 000

（2）调整坏账准备和资产减值损失

借：坏账准备——应收账款 36 000

贷：信用减值损失 36 000

同时，调整财务报表的其他项目。

第六节 其他相关项目审计

一、应收票据审计

应收票据是以书面形式表现的债权资产，经持有人背书后可以提交银行贴现，具有变现的灵活性。由于应收票据是在企业赊销业务中产生的，所以，对应收票据的审计也必须结合企业赊销业务一起进行。

企业通过应收票据进行赊销时，一般要进行销货、收取票据、计息、贴现、收款等活动，在此过程中要涉及一些凭证和账簿，这些都是应收票据审计的范围。具体如下：

1. 获取或编制应收票据明细表，复核加计是否正确，并核对其期末额合计数与报表数、总账数和明细账合计数是否相符。

2. 监盘库存应收票据。库存应收票据的监盘工作与库存现金的监盘工作基本相同，应同时进行。对于存在其他处所的应收票据，如作为抵押、提交银行贴现、交由律师代

收的也应查实。

3. 函证应收票据。必要时，抽取部分票据向出票人函证，证实其存在性和可收回性，编制函证结果汇总表。

4. 审查应收票据的发生和收回。根据内部控制的要求，企业应设立“应收票据备查簿”，由出纳以外的专人负责登记。对于兑现的含息票据，应注意是否将收到的利息收入贷记“财务费用——利息收入”科目。应检查有疑问的商业票据，向出票人函证以确定其兑现能力。应验明应收票据的利息收入是否均已正确入账。

5. 审查票据贴现。对于已贴现的应收票据，审计人员应审查其贴现额与利息额的计算是否正确，会计处理方法是否适当；审查票据贴现的款项是否及时足额入账；审查票据拒付后是否及时处理。复核、统计已贴现以及已转让但未到期的应收票据的金额。

6. 分析评价应收票据可兑现程度。应收票据同应收账款一样，存在着一定的风险。

7. 审查应收票据在财务报表中的披露是否恰当。审计人员应检查被审计单位资产负债表中“应收票据”项目的数额是否与审定数相符，是否剔除了已贴现票据，是否将贴现的商业承兑汇票在报表下方补充资料内的“已贴现的商业承兑汇票”项目中加以反映。

二、预收账款审计

预收账款的审计流程一般是：

1. 取得或编制预收账款明细表。

2. 检查已转销的预收账款。

3. 抽查有关凭证。

4. 函证预收账款。选择金额较大或账龄较长的项目、主要往来客户、关联单位等进行函证。对于回函中出现的不符情况，需查明原因并在审计工作底稿中加以记录，建议调整。对于没有回函的，需再次函证或检查决算日后已冲销预收账款是否与发运凭证、销售发票相一致，检查其是否真实、正确。

5. 检查长期挂账的预收账款。

6. 审查预收账款在财务报表中的列报是否恰当。

三、应交税费审计

企业销售过程中涉及的税费主要包括增值税、消费税、城市维护建设税和教育费附加。这几种税费的共同点是其计税依据都是营业收入，但其各自的纳税范围、税目、税率、纳税环节、减免税规定条件又各具特点，因此在审查内容及要点方面也有区别。应通过审查确定应交税费和已缴纳税费记录的完整性，确定期末余额正确性，确定其在财务报表中的列报是否恰当。

1. 取得或编制应交税费明细表

注意印花税、耕地占用税等税费是否错误地记入“应交税费”科目。

2. 纳税范围、计税依据的审查

审查纳税范围、税目、税率、纳税环节和纳税义务发生时间、计税依据、计算结果等的合规性和正确性。

3. 增值税的审查

（1）进项税额的审查

审查因货物改变用途、发生非常损失应计的进项税额转出数是否正确。审查出口货物退税的计算、记录是否正确。

（2）销项税额的审查

审查存货销售、存货对外投资、捐赠他人、分配给投资者应计的销项税额，以及将自产、委托加工的产品用于非应税项目的销项税额计算、记录是否正确。例如，将自产的货物用于发放集体福利却未视同销售计提销项税，以及视同销售处理却以产品成本为基数计算销项税额。

（3）应纳税额的审查

主要审查计算是否正确。

四、销售费用审计

通过审查确定销售费用的内容是否完整，确定销售费用分类、归属和会计处理是否正确。

1. 取得或编制销售费用明细表，复核加计是否正确，并与报表数、总账数和明细账合计数核对，检查是否相符。

2. 将本期和上期的销售费用各明细项目进行比较分析。必要时，比较本期各月份销售费用。如有重大波动和异常情况应查明原因。

3. 检查各明细项目是否与被审计单位销售商品和材料、提供劳务有关，是否合规、合理，计算是否正确。

4. 核对有关费用项目与累计折旧、应付职工薪酬等项目的钩稽关系，做交叉索引。

5. 针对销售费用各主要明细项目，选择重要和异常的凭证，检查原始凭证是否真实有效，会计处理是否正确。抽查重要的或异常的销售费用，审查原始凭证的合法性。注意是否以广告样品的名义变相向职工发放实物，将招待赠送费用列入展览费用。

6. 抽取资产负债表日前后一定数量的凭证，实施截止测试。对于重大跨期项目，应建议进行必要调整。

7. 如被审计单位系商品流通企业且已将“管理费用”科目的核算内容并入“销售费

用”核算，应同时执行管理费用审计程序。

8. 确定财务报表中销售费用的披露是否恰当。

小结

本章介绍了对销售与收款循环进行审计的基本要求及审查要点。通过学习，学生应当理解销售与收款循环的内部控制与控制测试，以及营业收入审计、应收账款审计、坏账和其他相关项目审计的知识内容。

本章的重点是营业收入审计，难点是在不同背景资料下熟练运用相关审计方法对所涉及的应收账款进行审计并提出相关审计意见。

思考与练习

一、简答题

1. 简述销售与收款循环内部控制的主要内容。

2. 主营业务收入中常见的舞弊手法有哪些?

3. 应收账款中常见的舞弊手法有哪些?

二、案例分析题

某会计师事务所小王和小李在20××年12月17日对A公司销售与收款循环的内部控制进行了解和测试，并在相关审计工作底稿中记录了了解和测试的事项，摘录如下:

A公司发出产成品时，由销售部填制一式四联的出库单。仓库发出产成品后，将出库单第一联留存并登记产成品卡片，第二联交销售部留存，第三、四联交财务部，由会计人员乙登记产成品总账和明细账，由会计人员丙开具销售发票。在开具销售发票之前，丙先取得仓库的发货记录和销售商品价目表，然后填写销售发票的数量、单价和金额。

根据上述摘录，请指出A公司在销售与收款循环内部控制方面存在的缺陷，并提出改进建议。

第四章
采购与付款循环审计

学习目标

知识目标

1. 熟悉采购与付款循环的业务流程。
2. 掌握采购与付款循环的控制测试。
3. 掌握应付账款、固定资产及预付账款审计中主要的实质性测试方法。

能力目标

1. 能够实施采购与付款循环的控制测试与实质性测试。
2. 能够查证隐瞒应付账款、虚列固定资产和利用预付账款转移资产的行为，并培养一定的案例分析能力。

【本章导学】

采购与付款循环所涉及的财务报表项目主要是资产负债表项目，因此，资产负债表项目和采购与付款循环的关系非常密切。

在企业的日常经营中，采购与付款循环是风险较高的项目，会计核算的绝大多数业务都与采购与付款循环有关。有的企业通过虚假采购、虚增存货、虚构往来账款、虚增固定资产达到转移资金的目的。

本章主要学习审计实务中采购与付款循环内部控制的重点、控制测试的内容、实质性测试程序、会计核算中可能存在的舞弊形式等内容。

思维导图

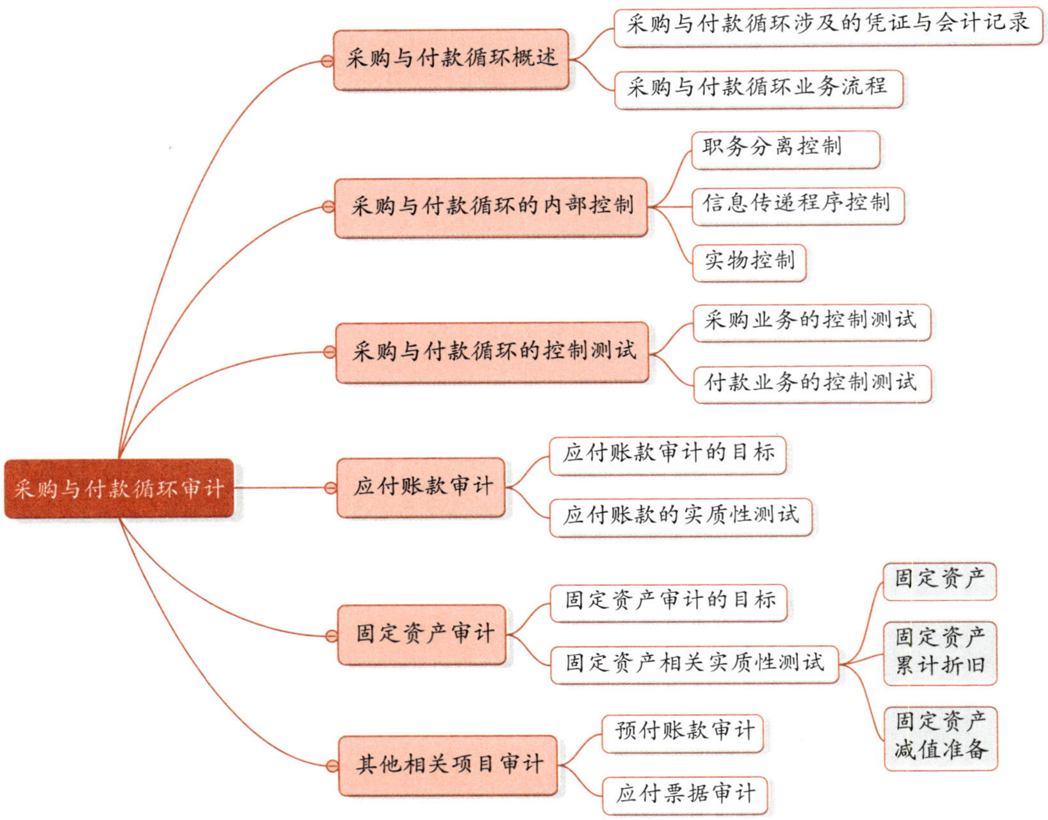

- 采购与付款循环审计
  - 采购与付款循环概述
    - 采购与付款循环涉及的凭证与会计记录
    - 采购与付款循环业务流程
  - 采购与付款循环的内部控制
    - 职务分离控制
    - 信息传递程序控制
    - 实物控制
  - 采购与付款循环的控制测试
    - 采购业务的控制测试
    - 付款业务的控制测试
  - 应付账款审计
    - 应付账款审计的目标
    - 应付账款的实质性测试
  - 固定资产审计
    - 固定资产审计的目标
    - 固定资产相关实质性测试
      - 固定资产
      - 固定资产累计折旧
      - 固定资产减值准备
  - 其他相关项目审计
    - 预付账款审计
    - 应付票据审计

第一节 采购与付款循环概述

一、采购与付款循环涉及的凭证与会计记录

采购与付款循环涉及的凭证与会计记录如图 4-1 所示。

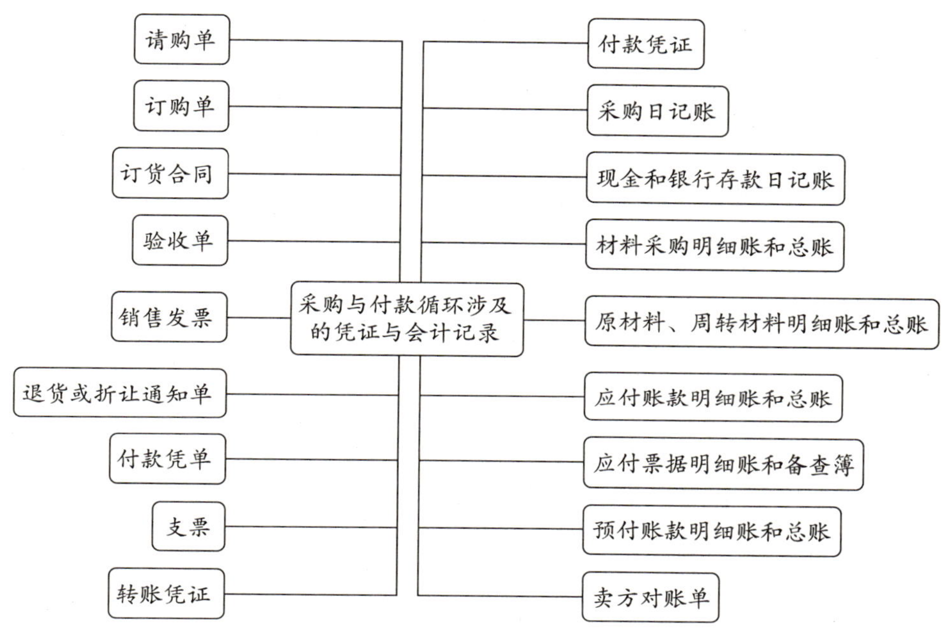

图 4-1 采购与付款循环涉及的凭证与会计记录

1. 请购单。请购单是由产品制造、资产使用等部门有关人员填写，送交采购部门，申请购买商品、劳务或其他资产的书面证明。

2. 订购单。订购单是由采购部门填写，向另一企业购买订购单上所标定商品、劳务或其他资产的书面证明。

3. 订货合同。

4. 验收单。验收单是收到商品或资产时所填制的原始凭证，主要内容包括从供应商处收到的商品、劳务或其他资产的种类、数量、价格和规格等。

5. 销售发票。销售发票是供应商出具的，交给买方以记载所售商品或所提供劳务名称、数量、应付金额等内容的凭证。

6. 退货或折让通知单。

7. 付款凭单。付款凭单是记载已收到商品、劳务或其他资产的已支付金额和付款日期的凭证。它由采购企业专职部门编制。

8. 支票。

9. 转账凭证。转账凭证是根据除现金和银行存款业务以外的有关转账业务的原始凭证编制的记账凭证，用于记录转账业务。

10. 付款凭证。付款凭证是用来记录现金和银行存款支出业务的记账凭证，包括现金付款凭证和银行存款付款凭证。

11. 采购日记账。

12. 现金和银行存款日记账。

13. 材料采购明细账和总账。

14. 原材料、周转材料明细账和总账。

15. 应付账款明细账和总账。

16. 应付票据明细账和备查簿。

17. 预付账款明细账和总账。

18. 卖方对账单。卖方对账单是由供货方按月编制的标明期初余额、本期购买款项、本期支付给卖方的款项和期末余额的凭证。除了有争议的事项和时间上的差异，被审计单位的应付账款明细账余额应与卖方对账单的余额一致。

二、采购与付款循环业务流程

采购与付款循环业务流程如图 4-2 所示。

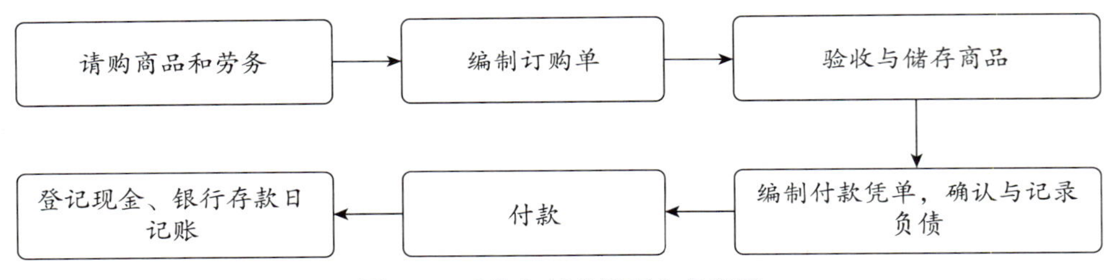

图 4-2　采购与付款循环业务流程

1. 请购商品和劳务

仓库负责对达到再订购点、需要购买的已列入存货清单的项目填写请购单，其他职能部门也可以对经授权批准、需要购买的未列入存货清单的项目编制请购单。

2. 编制订购单

采购部门在收到请购单后，根据需要购买的存货项目及有关供应商档案资料，选择合适供应商，然后填制并寄送正式的订购单，列明订购物品的品种、数量、价格、技术性能要求与付款条件等资料。

3. 验收与储存商品

运抵物品由验收部门检验后送入仓库存储。验收后，验收部门应针对已收货物的每

张订购单编制一式多联、预先编号的验收单。

4. 编制付款凭单，确认与记录负债

付款部门将订购单、购货发票和验收单等凭证进行核对，确保一致后填制预先编号的付款凭单，登记应付账款明细账或付款凭单登记簿。

5. 付款

付款部门确定到期应支付项目并付款，已付款的付款凭单应打孔或加盖“付讫”章，注销后单独保存。

6. 登记现金、银行存款日记账

财务部门根据已签发的支票存根（或汇总表）编制付款凭证，并据以登记现金、银行存款日记账及其他相关账簿。

第二节　采购与付款循环的内部控制与控制测试

一、采购与付款循环的内部控制

采购与付款循环的内部控制如图 4-3 所示。

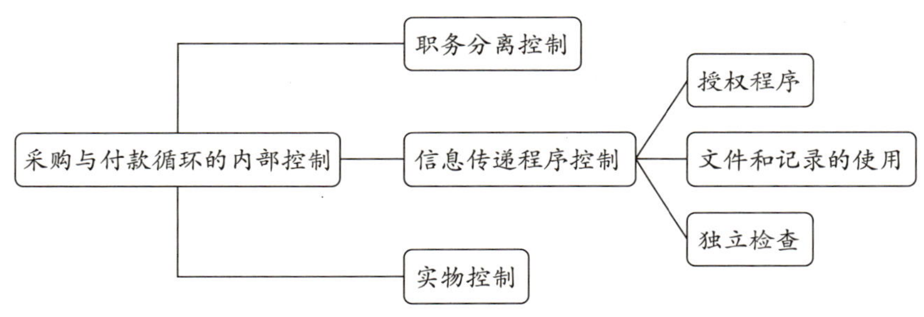

图 4-3　采购与付款循环的内部控制

1. 职务分离控制

采购与付款循环涉及的主要业务有：明确生产和销售需求，寻求能满足这些需求的供应商和最低价格，向供应商发出购货订单，检验收到的货物，确定是否接受货物，进行会计记录，核准付款等。在这些业务中需要实施职务分离控制的有：

（1）提出采购申请职务与采购审批职务相互独立，以便加强对采购的控制。

（2）采购审批职务与采购职务相互独立，以防止因采购部门购入过量或不必要的物资而损害企业整体利益。

（3）采购审批职务、合同签订职务、合同审核职务相互独立，防止虚列支出。

（4）验收职务与财务记账职务相互独立，以保证按真实收到的商品数额登记入账。

（5）应付款项记账人员不能接触现金、有价证券和其他资产，以保证应付款项记录的真实性、正确性。

（6）内部检查与相关的执行和记录工作应相互独立，以保证内部检查的独立性和有效性。

2. 信息传递程序控制

企业应建立健全采购与付款循环相关的内部控制制度，要求管理层对与此循环相关的信息传递程序实施严格有效的控制。相关控制措施包括：

（1）授权程序

1）企业内部建立分级采购批准制度。

2）只有经过授权的人员才能提出采购申请。

3）采购申请须经独立于采购和使用部门的被授权人的批准，以防止采购部门购入过量或不必要的商品，或者为取得回扣等个人私利而牺牲企业利益。

4）签发支票要经过被授权人的签字批准，保证货款是以真实金额向特定债权人及时支付。

（2）文件和记录的使用

为了满足业务审批、财产保管便于记录的要求，要合理设计并使用各种文件和记录。

收到购货发票时，财务部门应将发票上所记的商品规格、数量、价格及运费与订购单、验收单上的有关资料进行核对，确保相符后入账。对关键性凭证要预先编号，由经手人按编号归档保存，并由独立人员定期检查存档文件的连续性。订购单中要有足够的栏目和空间，详细反映订货要求。要建立付款凭单制，以付款凭单作为支付货款的依据。要设置采购日记账，及时、完整地记录所有采购业务。对每一供应商要设立应付账款明细账，并与总账平行登记。

（3）独立检查

由独立于业务经办部门的人员对销售发票、验收单、订购单、请购单进行独立检查，确保实际收到的商品符合订购要求。

3. 实物控制

采购与付款循环中的实物控制包括两个方面。一方面，要加强对已验收入库的商品的实物控制，限制非授权人员接近存货。验收部门人员应独立于仓库保管人员，同时加强对退货的实物控制，货物的退回要有经审批的合规凭证。另一方面，应限制非授权人员接近各种记录和文件，防止伪造和窜改会计资料。特别应注意对支票的实物控制，不得让核准或处理付款的人员接触。未签发的支票应妥善保管。作废的支票要进行注销或另加控制，防止重复开具支票。

二、采购与付款循环的控制测试

1. 采购业务的控制测试

（1）查验付款凭单后面是否附有单据，检查批准采购、注销凭证的核查标记。

（2）检查订购单、验收单和付款凭单连续编号的完整性。

（3）检查内部核查的标记以及批准采购价格和折扣的标记。

（4）检查工作手册和会计科目表，检查有无未记录的购货发票，并检查其中内部核查的标记。

（5）检查应付账款明细账中的内部核查标记。

【例 4-1】某会计师事务所在检查 A 公司材料采购业务时，发现某年一笔业务如下：从外地购进原材料一批，共 7 000 千克，价款为 35 万元，运杂费为 2 000 元。财务部门将材料采购价款计入原材料成本，将运杂费计入管理费用。材料入库后，仓库转来材料验收单，发现材料短缺 50 千克，查明是运输途中的合理损耗。

上述资料反映出 A 公司材料采购业务相关内部控制存在缺陷，表现在：财务部门记账在前而仓库验收在后，财务部门并不以验收单作为记账依据，这样不但采购业务容易出错，而且账簿记录也容易混乱或造成账实不符。

该会计师事务所可进行如下处理：

第一，向 A 公司管理部门提出改进原材料采购程序的建议。

第二，A 公司财务部门对材料采购成本的处理有误，运杂费应计入材料采购成本，而不应计入管理费用。建议 A 公司加以调整。相关会计分录为：

借：原材料　　2 000

　　贷：管理费用　　2 000

对于运输途中因合理损耗发生的短缺，不需要调整入库材料总金额（按规定，材料合理损耗应计入材料采购成本），但应调整材料明细账中入库材料的数量和单价。

2. 付款业务的控制测试

（1）抽取付款凭证，检查其是否经由财务主管复核和审批，款项支付是否得到适当人员的复核和审批，并检查内部核查标记。

（2）检查银行对账单和银行存款余额调节表，并检查内部核查标记。

第三节 应付账款审计

一、应付账款审计的目标

1. 确定资产负债表中记录的应付账款是否存在。

2. 确定所有应当记录的应付账款是否均已记录。

3. 确定资产负债表中记录的应付账款是否为被审计单位应履行的现时义务。

4. 确定应付账款是否以正确的金额记录在财务报表中，与之相关的计价调整是否已记录。

5. 确定应付账款是否已按照企业会计准则在财务报表中披露。

二、应付账款的实质性测试

1. 获取或编制应付账款明细表。复核加计是否正确，并与报表数、总账数和明细账合计数核对，检查是否相符。

2. 进行实质性分析。

（1）将本期应付账款期末余额与上期期末余额进行比较，分析其波动原因。

（2）分析长期未付的应付账款，要求被审计单位给予解释，判断被审计单位是否有偿还能力或利用应付账款隐瞒利润。

（3）计算应付账款与存货的比率、应付账款与流动负债的比率，并与以前期间的数据对比分析，评价应付账款整体的合理性。

（4）分析存货和营业成本等项目的增减变动，判断应付账款增减变动的合理性。

3. 函证应付账款。函证应付账款不是必须执行的审计程序，因为函证不能保证查出未记录的应付账款，而且审计人员可以通过购货发票等外部凭证证实应付账款的余额。但如果控制风险较高，某应付账款明细账户余额较大或被审计单位处于财政困难阶段，则应进行应付账款的函证。

进行函证时，应选择金额较大的债权人，以及那些在资产负债表日虽金额不大甚至为零，但为企业重要供货人的债权人作为函证对象。函证最好采用积极式函证，并具体说明应付金额。如果存在未回函的重要债务人，应采用替代审计措施。例如，可以检查决算日后应付账款明细账以及现金和银行存款日记账，核实应付账款是否已支付，同时，检查该笔债务的相关凭证资料，如合同、发票、验收单，核实应付账款的真实性。

【例 4-2】A 公司相关业务资料见表 4-1。

表 4-1　A 公司相关业务资料　　单位：元

客户	应付账款年末余额	本年度进货总额
甲公司	32 000	47 300
乙公司	44 200	98 400
丙公司	0	220 540
丁公司	184 000	223 500

审计时，会计师事务所应选择丙公司和丁公司进行函证。因为函证客户的应付账款时，应选择那些可能存在较大余额而并非在会计决算日有较大余额的债权人。从资料来看，A公司从丙、丁两家公司采购了大量商品或漏记负债的可能性较大。

4. 检查应付账款是否记入正确的会计期间，是否存在未入账的应付账款。

（1）检查债务形成的相关原始凭证，如采购发票、验收报告或入库单等，查找有无未及时入账的应付账款，确认应付账款期末余额的完整性。

（2）检查资产负债表日后应付账款明细账贷方发生额的相应凭证，检查相关购货发票的日期，确认其入账时间是否合理。

（3）获取被审计单位与供应商之间的对账单，应从非财务部门如采购部门获取，并将对账单和被审计单位财务记录之间的差异（如在途款项、在途商品、付款折扣、未记录的负债等）进行调节，查找有无未入账的应付账款，确定应付账款金额的正确性。

（4）针对资产负债表日后付款项目，检查银行对账单及有关原始凭证（如汇款通知书、供应商收据等）。询问被审计单位内部或外部知情人员，查找有无未及时入账的应付账款。

（5）结合存货监盘程序，检查被审计单位在资产负债表日前后的存货入库资料（如验收报告或入库单），检查是否有大额料单未到达情况，确认相关负债是否记入了正确的会计期间。

5. 针对已偿还的应付账款，追查至银行对账单、银行付款单据和其他原始凭证，检查其是否在资产负债表日前真实偿付。

6. 针对异常或大额交易及重大调整事项（如大额的购货折扣或退回、会计处理异常的交易、未经授权的交易或缺乏支持性凭证的交易等），检查相关原始凭证和会计记录，以分析交易的真实性、合理性。

7. 检查带有现金折扣的应付账款是否按发票上记载的全部应付金额入账，在实际获得现金折扣时再冲减财务费用。

8. 被审计单位与债权人进行债务重组的，检查不同债务重组方式下的会计处理是否正确。

9. 检查应付账款是否已按照企业会计准则的规定在财务报表中恰当列报。“应付账款”科目应根据“应付账款”和“预付账款”科目所属明细科目期末贷方余额的合计数填列。

第四节 固定资产审计

一、固定资产审计的目标

1. 确定资产负债表中记录的固定资产是否存在。

2. 确定所有应记录的固定资产是否均已记录。

3. 确定记录的固定资产是否由被审计单位拥有或控制。

4. 确定固定资产是否以正确的金额记录在财务报表中，与之相关的计价或分摊是否已恰当记录。

5. 确定固定资产原价、累计折旧和固定资产减值准备是否已按企业会计准则的规定在财务报表中列报。

二、固定资产相关实质性测试

1. 固定资产的实质性测试

（1）获取或编制固定资产及累计折旧分类汇总表

检查固定资产的分类是否正确，并与总账数和明细账合计数核对，检查是否相符。结合“累计折旧”“固定资产减值准备”科目记录，与报表数核对，检查是否相符。

（2）对固定资产进行实质性分析

1）基于对被审计单位及环境的了解，通过比较并考虑有关数据间的关系，确定有关数据的期望值。一是分类计算本期计提折旧额与固定资产原值的比率，并与上期比较；二是计算固定资产修理及维修费用与固定资产原值的比率，并对本期各月数据、本期与以前各期数据进行比较。

2）确定可接受的差异额。

3）将实际情况与期望值比较，识别需要进一步调查的差异。如果其差额超过可接受的差异额，则调查并获取充分的解释和恰当的佐证审计证据，如检查相关的凭证。

4）评估实质性分析的结果。

（3）实地检查重要固定资产

实地检查时，要关注是否存在已报废但仍未注销的固定资产。实地检查时，应该以固定资产明细账为起点，进行实地检查，以证实明细账所列固定资产确实存在，掌握其目前的使用状况。也可以以实地为起点，追查至固定资产明细账，以获取实际存在的固定资产均已入账的证据。应重点检查本期新增的重要固定资产，如企业为初次接受审计，则应适当扩大检查范围，也可以扩展到以前会计期间增加的固定资产。

（4）检查固定资产的所有权或控制权

1）对各类固定资产，应获取、汇集不同的证据以确定其是否确实归被审计单位所有。

2）对外购的机器设备等固定资产，通常经审核购货发票、采购合同进行确定。

3）对房地产类固定资产，需查阅有关的合同、产权证、抵押借款的还款凭证、保险单等书面文件。

4）对融资租入的固定资产，应查阅有关融资租赁合同。

5）对汽车等运输设备，应查阅有关运营证件等。

（5）检查本期固定资产的增加

首先，询问管理层当年固定资产的增加情况，并与获取的固定资产明细表进行核对。然后，检查本年度增加固定资产的计价是否正确，手续是否齐备，会计处理是否正确，具体主要包括以下几个方面：

1）外购固定资产。通过核对采购合同、发票、保险单、发运凭证等文件，抽查测试其入账价值是否正确，授权批准手续是否齐备，会计处理是否正确。如果是房屋还应检查契税的会计处理是否正确。

【例 4-3】某会计师事务所的审计人员对 A 公司固定资产进行审计时，发现下列问题：20××年 9 月购入专用设备一台，购买价为 40 万元，共发生运杂费 1 000 元、安装费 2 000 元，运杂费和安装费都计入管理费用。该设备于当年 9 月投入使用（该设备预计净残值为 0，采用直线法计提折旧，年折旧率为 10%）。

本例中存在固定资产计价错误。购入固定资产的原值应包括购买价、运杂费和安装调试费。计价错误会影响本年度损益及资产负债表中的资产类项目及折旧额，应调整如下：

应补提的折旧数＝(1 000+2 000)×10%×3÷12＝75（元）

借：固定资产　　3 000

　　贷：累计折旧　　75

　　　　以前年度损益调整　　2 925

2）在建工程转入的固定资产。应检查固定资产确认时点是否符合会计准则的规定；核对入账价值与在建工程的相关记录是否相符，是否与竣工决算报告、验收报告和移交报告等一致；对已经达到预定可使用状态但尚未办理竣工决算的固定资产，检查其是否已按估价入账并按规定计提折旧；竣工决算完成后，检查其是否及时调整。

3）投资者投入的固定资产。检查投资者投入的固定资产是否按投资双方确认的价值入账，并检查确认价值是否公允，交接手续是否齐全。涉及国有资产的，检查是否有评估报告并经国有资产管理部门评审备案或核准确认。

4）更新改造增加的固定资产。检查通过更新改造增加的固定资产，增加的原值是否符合资本化条件，是否真实，会计处理是否正确，重新确定的剩余折旧年限是否恰当。

5）融资租赁增加的固定资产。获取融资租入固定资产的相关证明文件，检查融资租赁合同的主要内容，并结合“长期应付款”“未确认融资费用”科目，检查相关的会计处理是否正确。

6）其他原因增加的固定资产。应检查相关的原始凭证，核对其计价及会计处理是否正确，法律手续是否齐全。

（6）检查固定资产的减少

固定资产的减少主要包括出售、对外投资、抵债转出、报废、损毁、盘亏等。有的被审计单位在全面清查固定资产时，常常会出现固定资产账存实亡的现象。这可能是由于固定资产管理或使用部门不了解报废固定资产与会计核算两者之间的关系，擅自报废固定资产而未及时通知财务部门在会计账户上进行相应核算，这样势必造成财务报表失真。检查固定资产减少的主要目的在于查明已减少的固定资产是否已进行适当的会计处理。其要点如下：

1）结合“固定资产清理”科目，抽查固定资产账面转销额是否正确。

2）租入的固定资产是否确有必要，出租的固定资产是否确属企业多余、闲置不用的，双方是否认真履行合同，其中是否存在不正当交易。

3）租金收取是否签有合同，有无多收、少收现象。

4）租入的固定资产有无久占不用、浪费损坏的现象；出租的固定资产有无长期不收租金、无人过问现象，是否有变相赠送、转让等情况。

5）租入的固定资产是否已登入备查簿。

6）租入固定资产改良支出的核算是否符合规定。

在融资租赁中，租入单位向租赁企业借款购买固定资产，分期偿还本息，全部付清本息后，就取得了固定资产的所有权。因此，融资租赁支付的租金包括了固定资产的价值和利息，并且这种租赁的结果通常是固定资产所有权最终归属租入单位。故租入企业在租赁期间，对融资租入的固定资产按企业的固定资产进行管理，计提折旧，进行维修。检查时，除可参照经营租赁固定资产检查要点以外，还应注意检查融资偿付利息的利率是否与市场利率相当，检查融资租入固定资产的计价是否正确，并结合“长期应付款”“未确认融资费用”等科目检查相关的会计处理是否正确。

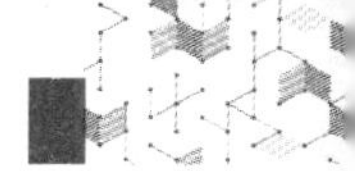

7）获取暂时闲置固定资产的相关证明文件，了解其实际状况，检查是否已按规定计提折旧，相关的会计处理是否正确。

8）获取已提足折旧、尚在继续使用的固定资产的相关证明文件，并进行相应记录。

9）获取持有待出售固定资产的相关证明文件，并进行相应记录，检查对其预计净残值的调整是否正确、会计处理是否正确。

10）检查固定资产的抵押、担保情况，结合对银行借款等的检查，了解固定资产是否存在重大的抵押、担保情况。如存在，应取证、记录，并提请被审计单位进行恰当披露。

11）确定固定资产是否已按照企业会计准则的规定在财务报表中进行恰当列报。

在财务报表附注中通常应说明固定资产的分类、计价方法和折旧方法，融资租入固定资产的计价方法，固定资产预计使用年限和预计净残值，对固定资产所有权的限制及其金额，已承诺将为购买固定资产支付的金额，暂时闲置的固定资产账面价值，已提足折旧仍继续使用的固定资产账面价值，已报废和准备处置的固定资产账面价值。固定资产因使用磨损或其他原因而需要报废时，企业应及时对其处置。如果其已处于处置状态而尚未注销，企业应披露这些固定资产的账面价值。

2. 固定资产累计折旧的实质性测试

固定资产累计折旧的实质性测试如图 4-4 所示。

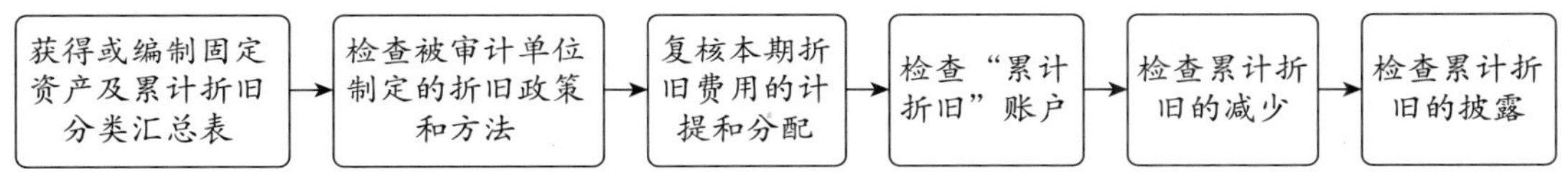

图 4-4 固定资产累计折旧的实质性测试

（1）获得或编制固定资产及累计折旧分类汇总表

复核加计是否正确，并与报表数、总账数和明细账合计数核对，检查是否相符。

（2）检查被审计单位制定的折旧政策和方法

应检查被审计单位制定的折旧政策和方法是否符合企业会计准则的规定，确定计提折旧范围是否正确，折旧费用是否合理分摊计入产品成本费用。若折旧方法不同，则分摊金额前后期应有区别，应确定预计使用寿命和预计净残值是否合理。

《企业会计准则第 4 号——固定资产》中明确规定，企业应当根据与固定资产有关的经济利益的预期实现方式，合理选择固定资产折旧方法，可选用的折旧方法包括年限平均法、工作量法、双倍余额递减法、年数总和法等。折旧方法一经确定，不得随意变更。除非由于固定资产有关的经济利益预期实现方式有重大改变，应当改变固定资产折旧方法。企业至少应当于每年年度终了，对固定资产的使用寿命、预计净残值和折旧方法进

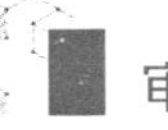

行复核，如果固定资产使用寿命预计数和预计净残值预计数与原先估计数有差异，则应当进行相应调整。

（3）复核本期折旧费用的计提和分摊

1）检查被审计单位折旧政策前后是否一致。

2）复核本期折旧费用的计提是否正确。例如：已计提减值准备的固定资产，计提的折旧额是否正确；已全额计提减值准备的固定资产，是否已停止计提折旧；因更新改造而停止使用的固定资产，是否已停止计提折旧；因大修理而停止使用的固定资产，是否计提折旧；未使用、不需用和暂时闲置的固定资产，是否按规定计提折旧。

3）检查折旧费用的分摊方法是否合理，是否与上期一致。检查分摊计入各项目的金额占本期全部折旧计提额的比例与上期比例是否有重大差异。

4）注意固定资产增减变动时，有关折旧的会计处理是否符合规定。查明通过更新改造、接受捐赠或融资租入而增加的固定资产的折旧费用，计算是否正确。

（4）检查“累计折旧”账户

将该账户贷方的本期计提折旧额与相应的折旧费用明细账户的借方发生额相比较，以查明所计提折旧金额是否已全部摊入本期产品成本或费用。一旦发现差异，应及时追查原因，并考虑是否建议适当调整。

（5）检查累计折旧的减少

检查累计折旧的减少是否合理，会计处理是否正确。

（6）检查累计折旧的披露

确定累计折旧的披露是否恰当。

3. 固定资产减值准备的实质性测试

（1）获取或编制固定资产减值准备明细表，复核加计是否正确，并与总账数和明细账合计数核对，检查是否相符。

（2）检查被审计单位计提固定资产减值准备的依据是否充分，会计处理是否正确。

（3）如果以资产组为单位计提减值准备，应检查资产组的认定是否恰当，计提依据是否充分，会计处理是否正确。

（4）计算期末固定资产减值准备与期末固定资产原值的比率，并与期初的比率比较，分析固定资产的质量状况。

（5）检查被审计单位处置固定资产时，原计提的减值准备是否同时结转，会计处理是否正确。

（6）检查是否存在转回固定资产减值准备的情况。按照企业会计准则的规定，资产减值损失一经确认，在以后会计期间不得转回。

（7）检查固定资产减值准备的披露是否恰当。

第五节 其他相关项目审计

一、预付账款审计

1. 预付账款审计的目标

（1）确定预付账款是否真实存在。

（2）确定预付账款是否归被审计单位所有。

（3）确定预付账款增减变动的记录是否完整。

（4）确定预付账款期末余额是否正确。

（5）确定预付账款在财务报表中的披露是否恰当。

2. 预付账款的实质性测试

（1）获取或编制预付账款明细表

获取或编制预付账款明细表，复核加计是否正确，并与报表数、总账数和明细账合计数核对，检查是否相符。请被审计单位协助，在预付账款明细表上标注截至审计日已收到货物并冲销预付账款项目，抽查核对其真实性和正确性。

（2）进行实质性分析

将本期期末预付账款余额与上期期末预付账款余额进行比较，分析波动原因。计算预付账款与主营业务成本的比率，与以前各期比率进行比较，分析异常变动的原因。将预付账款余额的增减幅度与主营业务成本的增减幅度进行比较，分析异常变动的原因。

1）选择大额或异常的预付账款重要项目（包括零账户），函证其余额是否正确，并根据回函情况编制函证结果汇总表。对回函金额不相符的，要查明原因，作出记录或建议适当调整。对未回函的，可再次函证，也可采取替代审计措施进行检查。例如，检查债权的相关凭证资料，或抽查报表日后预付账款明细账及存货明细账，核实是否已收到货物并转销，并根据检查结果，判断其债权的真实性或出现坏账的可能性。对未发询证函的预付账款，应抽查有关原始凭证。

2）结合应付账款明细账，查核有无重复付款或将同一笔已经付清的账款在预付账款和应付账款这两个项目同时挂账的情况。

3）分析明细账余额。对于出现贷方余额的项目，应查明原因，必要时建议重分类调整。

4）检查预付账款长期挂账的原因。

5）检查预付账款是否已在资产负债表中恰当披露。

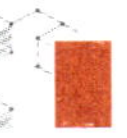

二、应付票据审计

应付票据是指企业因购买材料、商品和接受劳务等，为延期付款而开出并承兑的商业汇票，包括银行承兑汇票和商业承兑汇票。随着商业活动的票据化，企业票据业务越来越多，应付票据也将成为一个重要的审计领域。由于应付票据大多是企业从供货单位购入材料、商品和劳务时所开出的商业承兑汇票，所以，对应付票据的审计需结合购货与付款业务一起进行。

1. 应付票据审计的目标

（1）确定应付票据的发生和偿还记录是否完整。

（2）确定应付票据期末余额是否正确。

（3）确定应付票据在财务报表中的披露是否恰当。

2. 应付票据的实质性测试

（1）获取或编制应付票据明细表。为了确定被审计单位“应付票据”账户金额是否正确无误，本期应付利息是否正确，在对应付票据进行审计时，应首先获取或编制应付票据明细表，并同有关明细账和总账相核对。一般而言，应付票据明细表应列示票据类别及编号、出票日、到期日、票面金额、收款人名称、利率、付息条件以及抵押品名称、数量、金额等。在进行核对时，应注意被审计单位是否漏报或错报票据，是否漏列作为抵押的资产，有无属于应付账款的票据，有无漏计、多计或少计应付利息等情况。

（2）函证应付票据。进行函证时，应选择应付票据的重要项目进行函证。对于应付银行的重要票据，应结合银行存款余额一起函证。凡是当年与被审计单位有资金往来的银行均应成为函证对象，因为可能某一银行的存款虽已结清，但被审计单位开出的应付票据仍未核销。询证函应要求银行列示借款抵押物，例如，用有价证券、应收账款或其他资产做担保时，应在询证函中详细列明这些项目。

应付其他债权人的重要票据应以被审计单位名义，由审计人员直接向债权人发函。对未回函的，可再次函证，或采取其他替代审计措施确定应付票据的真实性。询证函应包括出票日、到期日、票面金额、未付金额、已付息期间、利率及票据的抵押物等内容。

（3）分析证实应付票据的完整性和合理性，以及发现需要特别关注的方面。

（4）复核带息应付票据利息是否足额计提，其会计处理是否正确。

（5）检查逾期未付票据。应查阅有关会计记录和原始凭证，检查被审计单位到期仍未偿付的应付票据。如有逾期未付票据，应查明原因，确认是否已转入应付账款，其中带息应付票据是否已停止计息。确定是否存在抵押票据情形，必要时，提请被审计单位进行披露。

（6）确定应付票据是否已在资产负债表中恰当披露。

小结

本章介绍了对采购与付款循环进行审计的基本要求及审查要点。通过学习，学生应当理解采购与付款循环的内部控制与控制测试、应付账款审计、固定资产审计、和其他相关项目审计的知识内容。

本章的重点是应付账款审计，难点是在不同背景资料下熟练运用相关审计方法对所涉及的固定资产进行审计并提出相关审计意见。

思考与练习

一、简答题

1. 简述采购与付款循环涉及的主要凭证和会计记录。

2. 简述应付账款的实质性测试。

3. 简述固定资产的实质性测试。

二、案例分析题

某会计师事务所小王在审计A公司应付账款时，发现该公司存在3年以上的应付账款，即应付M公司500万元。通过查阅原始凭证及询问有关业务人员，未能取得充分的审计证据以证明此款项的业务性质，无法判定负债的存在。请运用学过的审计知识分析该审计工作程序。

第五章
生产与存货循环审计

学习目标

知识目标

1. 熟悉生产与存货循环涉及的凭证与会计记录。
2. 理解生产与存货循环审计的控制测试。
3. 理解存货成本审计的有关内容。
4. 理解存货计价审计和截止测试。
5. 理解生产与存货循环审计中的相关项目审计。

能力目标

1. 能够进行生产与存货循环的控制测试。
2. 能够进行生产与存货循环的实质性测试。
3. 能够审计存货成本。
4. 能够进行存货的计价审计和截止测试。
5. 能够审计生产与存货循环的相关账户。

【本章导学】

生产与存货循环审计工作是审计工作中的重要环节，也是完成约定事项审计工作的重要环节，涉及生产与仓储等诸多环节，为审计决策提供重要依据，对加强内部控制与管理尤为重要。

思维导图

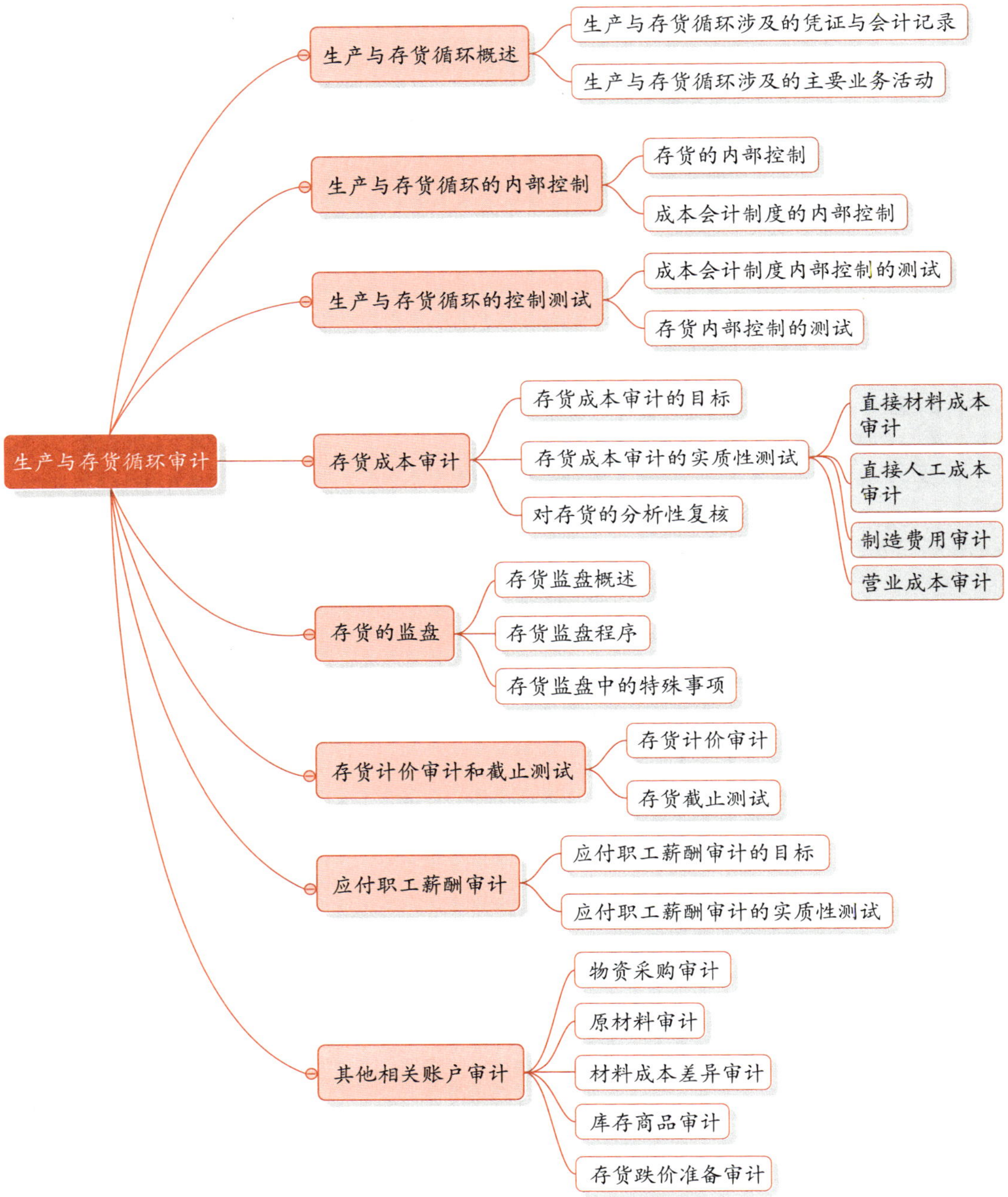

- 生产与存货循环审计
  - 生产与存货循环概述
    - 生产与存货循环涉及的凭证与会计记录
    - 生产与存货循环涉及的主要业务活动
  - 生产与存货循环的内部控制
    - 存货的内部控制
    - 成本会计制度的内部控制
  - 生产与存货循环的控制测试
    - 成本会计制度内部控制的测试
    - 存货内部控制的测试
  - 存货成本审计
    - 存货成本审计的目标
    - 存货成本审计的实质性测试
      - 直接材料成本审计
      - 直接人工成本审计
      - 制造费用审计
      - 营业成本审计
    - 对存货的分析性复核
  - 存货的监盘
    - 存货监盘概述
    - 存货监盘程序
    - 存货监盘中的特殊事项
  - 存货计价审计和截止测试
    - 存货计价审计
    - 存货截止测试
  - 应付职工薪酬审计
    - 应付职工薪酬审计的目标
    - 应付职工薪酬审计的实质性测试
  - 其他相关账户审计
    - 物资采购审计
    - 原材料审计
    - 材料成本差异审计
    - 库存商品审计
    - 存货跌价准备审计

第一节　生产与存货循环概述

生产与存货循环涉及的内容主要是存货的管理及生产成本的计算等。该循环涉及的资产负债表项目主要有存货、应付职工薪酬、待摊费用等，涉及的利润表项目主要有主营业务成本、管理费用等。

一、生产与存货循环涉及的凭证与会计记录

生产与存货循环由原材料转化为产成品等有关活动组成。该循环从领料生产开始，到加工、销售产成品结束，所涉及的凭证与会计记录如图 5-1 所示。

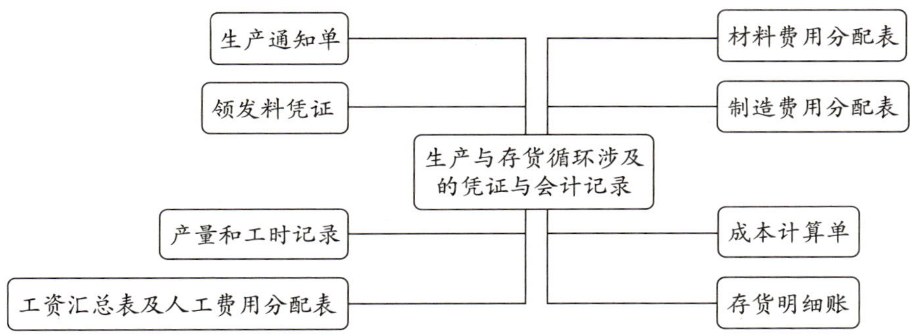

图 5-1　生产与存货循环涉及的凭证与会计记录

1. 生产通知单

生产通知单又称生产指令，是企业下达制造产品等生产任务的书面文件，用来通知生产车间组织产品制造，供应部门组织材料发放，财务部门组织成本核算。

2. 领发料凭证

领发料凭证是企业为控制材料发出所采用的各种凭证，如领料单、材料发出汇总表、退料单、领料登记簿、限额领料单等。

3. 产量和工时记录

产量和工时记录是登记工人或生产班组在出勤时间内所完成产品的数量、质量和生产这些产品所耗费工时的原始记录，主要有工作通知单、工序进程单、产量通知单、产量明细表、废品通知单、产量报告等。

4. 工资汇总表及人工费用分配表

工资汇总表是用来反映企业全部工资的结算情况，并据以进行工资结算总分类核算和汇总整个企业工资费用的表格，它是企业进行工资费用分配的依据。人工费用分配表反映了各生产车间、各产品应负担的生产工人的薪酬。

5. 材料费用分配表

材料费用分配表是用来汇总反映各生产车间、各产品所耗费的材料费用的表格。

6. 制造费用分配表

制造费用分配表是用来汇总反映各生产车间、各产品所应负担的制造费用的表格。

7. 成本计算单

成本计算单是用来归集某一成本计算对象所应承担的生产费用，计算该成本计算对象的总成本和单位成本的单据。

8. 存货明细账

存货明细账是用来反映各种存货增减变动情况、期末库存数量及相关成本信息的会计记录。

二、生产与存货循环涉及的主要业务活动

生产与存货循环涉及的主要业务活动如图 5-2 所示。

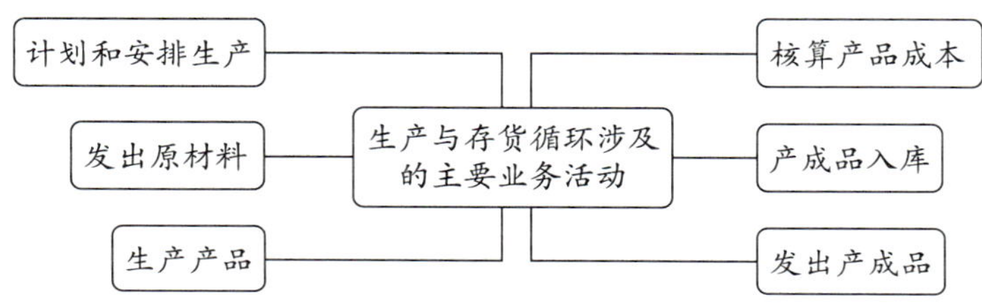

图 5-2　生产与存货循环涉及的主要业务活动

1. 计划和安排生产

生产计划部门的职责是根据客户订单或者对销售和存货的预测分析决定是否授权生产。如果决定授权生产，即签发预先编号的生产通知单。该部门通常应将发出的所有生产通知单进行编号并加以记录、控制。

2. 发出原材料

仓库的职责是根据从生产部门收到的领料单发出原材料。领料单上必须列示所需原材料的数量和种类，以及领料部门的名称。领料单可以一单一料，也可一单多料。

3. 生产产品

生产部门在收到生产通知单并领取原材料后，便将生产任务分解到每一个生产工人，并将所领取的原材料交给生产工人，由其据以执行生产任务。生产工人在完成生产任务后，将完成的产品交本部门有关人员查点，然后转交检验员验收并办理入库手续，或是将完成的产品移交下一个部门，以进一步加工。

4. 核算产品成本

为了正确地核算产品成本，对在产品进行有效控制，必须建立健全成本会计制度，

将生产控制和成本核算有机结合在一起。一方面，生产过程中的各种生产通知单、领料单等文件资料都要汇集到财务部门，由财务部门对其进行检查和核对；另一方面，财务部门要设置相应的会计账户，会同有关部门对生产过程中的成本进行核算和控制。

5. 产成品入库

产成品入库时，须由仓库先行点验和检查，然后签收。签收后，将实际入库数量通知财务部门。据此，仓库确立了本身应承担的责任，并对验收部门的工作进行验证。

6. 发出产成品

产成品须由独立的发运部门发出。装运产成品时，必须持有经有关部门核准的发运通知单，并据此编制出库单。

第二节　生产与存货循环的内部控制与控制测试

一、生产与存货循环的内部控制

生产与存货循环的内部控制主要包括存货的内部控制与成本会计制度的内部控制两项内容。

1. 存货的内部控制

存货内部控制涉及被审计单位供、产、销的各个环节，如图 5-3 所示。

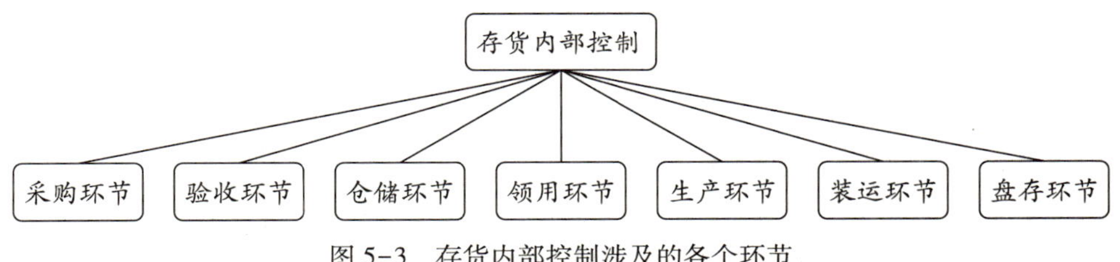

图 5-3　存货内部控制涉及的各个环节

（1）采购环节内部控制

该环节内部控制的总体目标是所有交易都应得到相关的授权与批准。使用订货单是一项基本的内部控制措施，订货单应当预先连续编号并定期进行清点。

（2）验收环节内部控制

该环节内部控制的总体目标是所有收到的货物均应予以记录。使用验收单是一项基本的内部控制措施。被审计单位应当设置独立的部门负责验收货物，并将结果报送给财务部门。

（3）仓储环节内部控制

该环节内部控制的总体目标是确保与存货实物的接触必须得到有关部门的指示和批准。被审计单位应采取适当的实物控制措施，并使用适当的存储设施，以使存货免受意外损毁、盗窃或破坏。

（4）领用环节内部控制

该环节内部控制的总体目标是存货的领用均应得到批准和记录。使用领用单是一项基本的内部控制措施。对存货领用单应当定期进行清点。

（5）生产环节内部控制

该环节内部控制的总体目标是对所有的生产过程均进行相应的记录。使用生产报告单是一项基本的控制措施。在生产报告单中，应当对产品的质量缺陷以及零部件的使用和报废情况及时作出说明。

（6）装运环节内部控制

该环节内部控制的总体目标是所有的装运都应具有相应的记录。使用装运单是一项基本的内部控制措施。装运单应当预先编号并定期清点。

（7）盘存环节内部控制

该环节一般实行实地盘存制或永续盘存制。不同盘存制度对存货数量控制程度的影响也不同。即使采用永续盘存制，也应对存货进行实地盘点。

2. 成本会计制度的内部控制

成本会计制度的内部控制主要包括成本会计的内部控制目标、关键控制程序及常用控制测试程序三个方面，具体见表5-1。

表5-1　成本会计制度的内部控制

内部控制目标	关键控制程序	常用控制测试程序
生产业务是根据管理部门一般或特定的授权进行的	对以下三个关键点，应通过恰当手续，进行特别审批或一般审批：一是生产通知单的授权批准；二是领料单的授权批准；三是工资的授权批准	检查凭证中是否有这三个关键点的恰当审批
记录的成本为实际发生的而非虚构的	成本的核算以经过审批的生产通知单、领发料凭证、产量和工时记录、人工费用分配表、材料费用分配表、制造费用分配表为依据	检查有关成本的记账凭证是否附有生产通知单、领发料凭证、产量和工时记录、人工费用分配表、材料费用分配表、制造费用分配表，以及相关原始凭证的编号是否完整、有序
所有耗费和物化劳动均已反映在成本中	生产通知单、领发料凭证、产量和工时记录、人工费用分配表、材料费用分配表、制造费用分配表均事先编号并已经登记入账	检查生产通知单、领发料凭证、产量和工时记录、人工费用分配表、材料费用分配表、制造费用分配表的编号是否完整、有序

续表

内部控制目标	关键控制程序	常用控制测试程序
成本以正确的金额，在恰当的会计期间及时记录于适当的账户	采用适当的成本核算方法，并且前后各期一致；采用适当的费用分配方法，并且前后各期一致；采用适当的成本核算流程和会计处理流程；实施了内部检查	选取样本测试各种费用的归集、分配以及成本的计算；测试是否按照规定的成本核算流程和会计处理流程进行核算和会计处理
对存货实施保护措施，保管人员与记录、批准人员相互独立	存货保管人员与记录、批准人员实现职务相分离	询问、观察人员与存货和记录的接触情况以及相应的批准程序
账面存货与实际存货定期核对，确保相符	定期进行存货盘点	询问和观察存货盘点程序

二、生产与存货循环的控制测试

生产与存货循环的控制测试主要包括成本会计制度内部控制的测试与存货内部控制的测试两部分。

1. 成本会计制度内部控制的测试

成本会计制度内部控制的测试包括直接材料成本测试、直接人工成本测试、制造费用测试以及生产成本在当期完工产品和在产品之间分配的测试四项内容。

（1）直接材料成本测试

1）对采用消耗定额的企业，可选择并获取某一成本报告期内若干种具有代表性的产品的成本计算单，获取样本的生产通知单或产量统计记录及其直接材料单位消耗定额，根据材料明细账或采购业务审计工作底稿中各直接材料的单位实际成本，计算直接材料的总消耗量和总成本，然后与该样本的成本计算单中的直接材料成本核对。检查时应注意生产通知单是否经过授权批准，单位消耗定额和材料成本计价方法是否恰当，在当年度有何重大变更。

2）对未采用消耗定额的企业，可获取材料费用分配汇总表、领料单，以及材料明细账中各直接材料的单位成本，进行如下检查：

①核对成本计算单中的直接材料成本与材料费用分配汇总表中该产品负担的直接材料费用是否相符，检查分配的标准是否合理。

②抽取领料单中若干种直接材料的发出总量，计算其与各材料各自实际单位成本之乘积，与材料费用分配汇总表中各种相应材料的费用进行比较，并注意领料单的签发是否经过授权批准，领料单是否经过适当的人员复核，材料单位成本计价方法是否恰当，在当年度有何重大变更。

（2）直接人工成本测试

1）对采用计时工资制的企业，获取样本的实际工时统计记录、职工分类表、职工工资手册及人工费用分配汇总表，进行如下检查：

①核对成本计算单中直接人工成本与人工费用分配汇总表中该样本的直接人工费用是否相符。

②核对样本的实际工时统计记录与人工费用分配汇总表中该样本的实际工时是否相符。抽取生产部门若干天的工时台账，核对其与实际工时统计记录是否相符。

③当没有实际工时统计记录时，根据职工分类表及职工工资手册中的工资率，计算复核人工费用分配汇总表中该样本的直接人工费用，检查其是否合理。

2）对采用计件工资制的企业，获取样本的产量统计报告、个人（小组）产量记录、经批准的单位工资标准或计件工资制度，检查下列事项：

①将根据样本核计产量和单位工资标准计算的人工费用与成本计算单中直接人工成本核对，确认是否相符。

②抽取若干个人（小组）产量记录，检查是否被汇总计入产量统计报告。

（3）制造费用测试

获取样本的制造费用分配汇总表、按项目分列的制造费用明细账、与制造费用分配标准有关的统计报告及相关原始记录，进行如下检查：

1）核对制造费用分配汇总表中样本分担的制造费用与成本计算单中的制造费用是否相符。

2）核对制造费用分配汇总表中的合计数与样本所属成本核算报告期的制造费用明细账合计数是否相符。

3）核对制造费用分配汇总表选择的分配标准与相关的核计报告或原始记录是否相符，并对费用分配标准的合理性作出评估。如企业采用预定制造费用分配率分配制造费用，则应针对制造费用分配过多或过少的差额，检查其是否进行了适当的会计处理。

（4）生产成本在当期完工产品和在产品之间分配的测试

检查成本计算单中在产品数量与生产统计报告或在产品盘存表中的数量是否一致，检查在产品约当产量计算或其他分配标准是否合理，计算复核该样本的全部成本和单位成本，最终对当年采用的成本会计制度作出评价。

2. 存货内部控制的测试

（1）询问人事、存货记录、考勤等职务是否相互分离，掌握相关职责的履行情况。

（2）检查存货的采购、领用是否有授权批准手续，检查是否将存货的名称、数量、规格和价格与合同、原始凭证进行核对。

（3）抽查存货的入库情况，从存货的明细账中抽取部分业务记录，检查其是否附有验收报告。

（4）抽查存货的出库情况，从存货的明细账中抽取部分业务记录，检查是否经过授权批准。

（5）检查存货的采购、领用及发出业务是否都已入账，有无未入账的原始凭证。

（6）检查存货的管理情况，观察是否只有经过授权批准才能接触原材料和产成品等存货。

（7）检查有关成本核算的记账凭证是否附有领发料凭证、产量工时记录、人工费用分配表、材料费用分配表、制造费用分配表等原始凭证，有无未附原始凭证的记账凭证。

（8）检查是否定期盘点存货，对发生的盘盈、盘亏等情况是否及时处理。

第三节　存货成本审计

存货成本审计由直接材料成本审计、直接人工成本审计、制造费用审计和营业成本审计等内容组成。

一、存货成本审计的目标

存货成本审计的目标一般包括：审查存货采购业务是否真实合法，审查存货成本的构成和会计处理是否真实正确，审查存货非货币性交易是否正确，审查存货验收入库是否真实正确。

二、存货成本的实质性测试

1. 直接材料成本审计

直接材料成本审计一般应从审阅材料明细账和生产成本明细账入手，抽查有关的费用凭证，验证企业产品直接耗用材料的数量，审查计价和材料费用分配是否真实、合理。直接材料成本审计的内容如下：

（1）抽查产品成本计算单，检查直接材料成本的计算是否正确，材料费用的分配标准与计算方法是否合理和适当，是否与材料费用分配汇总表中该产品分摊的直接材料费用相符。

（2）检查直接材料耗用数量的真实性，检查是否将非生产用材料的费用计入直接材料费用。

（3）分析比较同一产品前后各年度的直接材料成本，如有重大波动应查明原因。

（4）抽查材料发出及领用的原始凭证，检查领料单的签发是否经过授权，材料发出汇总表是否经过适当的人员复核，材料单位成本计价方法是否恰当，是否正确入账。

（5）对采用定额成本或标准成本的企业，应检查直接材料成本差异的计算、分配与会计处理是否正确，并查明直接材料的定额成本、标准成本在本年度内有无重大变化。

【例 5-1】2022 年 3 月，某会计师事务所审计人员在审计 A 公司 2021 年度发出材料业务时发现，该公司当年 12 月生产领用 A 材料计划成本为 50 万元，车间管理部门领用 A 材料计划成本为 10 万元。当月材料成本差异率为-1%。相关会计分录如下：

1. 结转发出材料成本

借：生产成本　　500 000

　　制造费用　　100 000

　　贷：原材料　　600 000

2. 结转发出材料成本差异

借：生产成本　　6 000

　　贷：材料成本差异　　6 000

依据上述材料，该公司材料成本差异为节约差，但该公司在会计处理中将材料成本差异按超支差结转。因此，审计人员应就该会计处理提出如下调整建议：

借：生产成本　　-10 000

　　制造费用　　-2 000

　　贷：材料成本差异　　-12 000

知识链接

“材料成本差异”账户用于核算企业材料的实际成本与计划成本的差异，借方登记实际成本大于计划成本的差异额（超支额），贷方登记实际成本小于计划成本的差异额（节约额），相应的计算公式为：

材料成本差异=实际成本-计划成本

2. 直接人工成本审计

直接人工成本审计的内容如下：

（1）抽查产品成本计算单，检查直接人工成本的计算是否正确，人工费用的分配标准与计算方法是否合理和适当，是否与人工费用分配汇总表中该产品分摊的直接人工费用相符。

（2）将本年度直接人工成本与前期数据进行比较，查明其异常波动的原因。

（3）分析比较本年度各个月份的人工费用发生额。如有异常波动，应查明原因。

（4）结合应付职工薪酬，抽查人工费用会计记录及会计处理是否正确。

（5）对采用标准成本法的企业，应抽查直接人工成本差异的计算、分配与会计处理是否正确，并查明直接人工的标准成本在本年度内有无重大变更。

3. 制造费用审计

制造费用审计的内容如下：

（1）获取或编制制造费用汇总表，并与明细账、总账核对，检查是否相符。抽查制造费用中的重大数额项目及例外项目是否合理。

（2）审阅制造费用明细账，检查其核算内容及范围是否正确，并应注意是否存在异常财务事项。如有，则应追查至记账凭证及原始凭证，重点查明企业是否将不应列入成本费用的支出计入制造费用。

（3）必要时，对制造费用实施截止测试，即检查资产负债表日前后若干天的制造费用明细账及其凭证，确定有无跨期入账的情况。

（4）检查制造费用的分配是否合理。重点查明制造费用的分配方法是否符合企业自身的生产技术条件，是否体现受益原则。审查经确定的分配方法是否在相当期间保持稳定，有无随意变更的情况。审查分配率和分配额的计算是否正确，有无以人为估计数代替分配数的情况。对按预定分配率分配费用的企业，还应查明计划与实际的差异是否得到及时调整。

（5）对于采用标准成本方法的企业，应抽查标准制造费用的确定是否合理，计入成本计算单的数额是否正确，制造费用的计算、分配与会计处理是否正确，并查明标准制造费用在本年度内有无重大变更。

【例 5-2】2022 年 3 月，某会计师事务所审计人员在审计 A 公司 2021 年 12 月制造费用发生额时，发现一笔结转本月支付车间厂房租金 60 万元的会计记录。经审查有关原始凭证，发现该公司当月租赁一处生产车间，租赁合同约定租赁期为 1 年，租赁费为 120 万元。该企业经营租赁费用采用五五摊销法摊销。相关会计分录如下：

1. 发生租赁业务及支付租金

借：制造费用——租赁费　　600 000

　　贷：其他应付款——租赁费　　600 000

借：其他应付款——租赁费　　600 000

贷：银行存款　　600 000

2. 结转制造费用

借：生产成本　　600 000

贷：制造费用　　600 000

根据上述材料，该公司在摊销经营租赁费用时违反了企业会计准则的相关规定。经营租赁费用的支付数额较大时，应选择在租赁期内合理摊销，而不应采用五五摊销法摊销。该问题如属于财务人员混淆业务，应进行纠正。如属于有意加大成本费用，虚减利润，应追究相关责任人责任。

调整建议如下：

将经营租赁费用调整为在租赁期内合理摊销并进行冲回。

借：其他应付款——租赁费　　500 000

贷：以前年度损益调整　　500 000

知识链接

五五摊销法适用于使用期限较长、单位价值较高或一次性领用数量较大的低值易耗品的摊销。

4. 营业成本审计

营业成本审计的内容如下：

（1）获取或编制营业成本明细表，与明细账和总账核对，检查是否相符。

（2）编制生产成本与销售成本倒轧表（见表 5-2），与总账核对，检查是否相符。

（3）分析比较本年度与上年度营业成本总额，以及本年度各月份的营业成本金额。如有重大波动和异常情况，应查明原因。

（4）结合生产成本的审计，抽查销售成本结转数额的正确性，并检查其是否与销售收入保持适当比例。

（5）检查“营业成本”账户中重大调整事项（如销售退回等）是否有充分理由。

（6）确定营业成本在利润表中是否恰当披露。

知识链接

生产成本与销售成本倒轧表是指企业在一定期间（通常是一个月内）成本的借贷发生情况，具体包括直接材料、直接人工、制造费用等的发生额和生产成本转出情况，它是营业成本审计工作中一项重要的测试内容。其计算公式为：

本期营业成本+期末存货=期初存货+本期对外采购+本期实际发生（人工+制造费用）-本期存货其他耗用

生产成本与销售成本倒轧表见表5-2。

表5-2 生产成本与销售成本倒轧表

项目	未审数	调整或重分类金额借（贷）记数	审定数
原材料期初余额			
加：本期购进			
减：原材料期末余额			
其他发出额			
直接材料成本			
加：直接人工成本			
制造费用			
生产成本			
加：在产品期初余额			
减：在产品期末余额			
产成品生产成本			
加：产成品期初余额			
减：产成品期末余额			
销售成本			

三、对存货的分析性复核

在生产与存货循环审计过程中往往需要运用分析性复核来获取审计证据，并配合形成恰当的审计结论。通常运用的分析性复核方法有简单比较法和比率分析法。

1. 简单比较法

在生产与存货循环的分析性复核中，通常进行的简单比较包括：

（1）通过比较前后各期及本年度各个月份存货余额及其构成、生产成本总额及其构成、单位生产成本、制造费用总额及其构成、工资薪金的发生额、营业成本总额、单位销售成本、直接材料成本及存货成本差异率，确定及评价其总体合理性。

（2）将存货余额与已有的订单、资产负债表日后各期的销售额和下一年度的预测销售额进行比较，以评估存货滞销或跌价的可能性。

（3）将与关联企业发生存货交易的频率、规模、价格和往来结算条件与非关联企业对比，判断被审计单位是否利用与关联企业的存货交易虚构交易，调节利润。

2. 比率分析法

在生产与存货循环的分析性复核中，通常运用的分析指标有存货周转率和毛利率。

（1）存货周转率

存货周转率是用来衡量销售能力和存货是否积压的指标。其计算公式为：

$$存货周转率=营业成本\div存货平均余额\times100\%$$

其中，存货平均余额是存货期初余额与存货期末余额之和的平均数。

运用存货周转率进行纵向比较或与其他企业进行横向比较时，要求存货计价持续一致。

存货周转率的波动可能意味着被审计单位存在以下情况：有意或无意减少存货储备，存货管理或控制程序发生变动，存货成本发生变动，存货核算方法发生变动，存货跌价准备计提基础或冲销政策发生变动，销售额发生大幅变动。

（2）毛利率

毛利率是反映盈利能力的主要指标，用以衡量成本控制水平及销售价格的变化。其计算公式为：

$$毛利率=(营业收入-营业成本)\div营业收入\times100\%$$

毛利率的波动可能意味着被审计单位存在以下情况：销售价格发生变动，销售产品总体结构发生变动，产品单位成本发生变动，固定制造费用比重较大时销售数量发生变动。

第四节 存货的监盘

一、存货监盘概述

确定期末存货数量是存货审计中的重要内容，期末存货的结存数量直接影响财务报表上的存货金额。对存货进行监盘是存货审计必不可少的一项程序。

存货监盘涉及以下内容：

1. 监盘时间

监盘的时间以会计期末以前为优。如果被审计单位有条件进行期中盘点，审计人员应在盘点时加以监督，同时对盘点日和期末间的永续记录加以测试。如果被审计单位的盘点在会计期末以后的时间进行，那么就必须编制从盘点日到期末的存货余额调节表，

使盘点的时间尽量临近会计期末。

2. 监盘样本量

存货监盘中确定样本量的一种比较容易的办法是按费时多少而不是按盘点存货项目的多少来确定，决定所费时间的重要因素包括：有关实地盘点、永续记录的可靠性，存货的金额及种类，重要存货的不同存放位置及数量，以及以前年度发现误差的性质及其内部控制等。

3. 项目的选取

监盘时应选取重要项目和典型存货项目中有代表性的样本，并仔细监盘，同时对可能过时或损坏的项目要仔细查询，并与被审计单位管理人员认真讨论重要项目不在盘点之列的原因。

二、存货监盘程序

1. 制订盘点计划

为了满足审计的要求，存货盘点工作必须建立在事前周密计划的基础上。这样一方面可以使企业更加了解审计工作对存货盘点的要求，另一方面也有利于审计人员掌握企业存货管理的情况和企业存货盘点的实施情况。

制订盘点计划时，除关注盘点时间因素外，还应关注盘点的参与人员等方面，注意存货应停止流动并编制盘点清单。

2. 实地盘点

实地盘点开始后，审计人员不能离开盘点现场，应把握盘点工作的进度，对有关人员所实施的盘点要进行全过程监控，不能只看结果而不观察其整个过程。对重要的盘点环节要仔细观察，必要时可要求放慢速度或重复操作，也可以对盘点结果进行复核。

3. 抽点

实地盘点结束后，审计人员应根据观察到的情况进行复盘抽点。抽点的样本一般不得少于存货总量的 10%。将抽点结果与盘点清单上的记录进行比较时，不仅要核对数量，还应该核对存货的编号、品种、规格及产品品质等。

4. 总结盘点结果

盘点工作结束后，审计人员应根据企业存货的盘点情况，编制盘点报告，将盘点程序、盘点中出现的重大问题及处理措施、盘点结果进行记载。

三、存货监盘中的特殊事项

1. 难以盘点的存货

某些存货的性质决定了难以对这类存货进行盘点，如化学制品、水产品、原木等。此外，由于管理或生产上的要求，某些企业无法为存货盘点而中断生产，使得难以对这

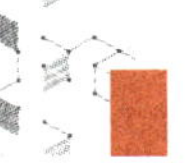

些企业的在产品进行盘点。此时，审计人员应当运用一些创造性的办法来验证存货数量，或者可以根据企业存货的收发制度确认存货的数量。例如，在使用工程技术及类似的专门技术进行实地盘存时，也可以考虑聘请专家进行监盘。

2. 分散盘点

当盘点某些存货时，可能某些业务压力使企业不能按进度同时盘点所有存货，此时企业可采用分散盘点这种盘点方法。通常在控制测试表明企业成本会计制度非常完善、永续盘存记录没有纰漏，而且不同种类存货间的转换凭证十分可靠时，采用分散盘点可提供可靠的审计依据。在此需要注意的是，各部门之间的存货转移应有有效的截止，以使该转移记录在正确的会计期间。如果记录和实物转移不同步，就有可能产生严重的误差。

第五节 存货计价审计和截止测试

一、存货计价审计

监盘程序只能对存货的结存数量进行确认。为了验证财务报表中存货余额的真实性，还必须对存货的计价进行审计。存货计价审计表见表5-3。

表5-3 存货计价审计表

日期	品名及规格	购入			发出			余额		
		数量	单价	金额	数量	单价	金额	数量	单价	金额
1. 计价方法说明： 2. 情况说明及审计结论：										

进行存货计价审计前，应注意两项工作：

一是样本的选择。存货计价审计的样本应从存货数量已经盘点、单价和总金额已经记入存货汇总表的存货中选择。选择样本时应该着重选择结存余额较大且价格变动比较频繁的项目，同时考虑所选样本的代表性。抽样方法一般采用分层抽样法，抽样规模应足以用来推断总体的情况。

知识链接

分层抽样法也叫类型抽样法，是指从一个可以分成不同子总体（或称为层）的总体中，按规定的比例从不同层中随机抽取样本（个体）的方法。该种方法的优点是样本代表性比较好，抽样误差比较小；缺点是抽样手续比简单随机抽样要复杂。

二是计价方法的确认。存货的计价方法种类很多，被审计单位可结合国家法律法规要求选择适合自身特点的方法。审计人员除了应了解被审计单位的存货计价方法外，还应对这种计价方法的合理性与一贯性进行关注。如果没有足够理由，计价方法在同一会计年度内不得变动。

进行计价审计时，审计人员首先应对存货价格进行审核，然后按照所了解的计价方法对所选择的存货样本进行计价审计。审计过程中，应排除被审计单位已有计算程序和结果的影响，进行独立审计。待审计结果出来后，应与被审计单位账面记录对比，编制对比分析表，分析形成差异的原因。如果差异过大，应扩大范围继续审计，并根据审计结果适当调整。

二、存货截止测试

存货截止测试是指检查截至当年 12 月 31 日所购入并已包括在 12 月 31 日存货盘点范围内的存货。正确截止的关键在于存货实物纳入盘点范围的时间与存货引起的借贷双方会计科目的入账时间都处于同一会计期间。如果当年 12 月 31 日购入货物，且该货物已包括在当年 12 月 31 日的实物盘点范围内，而购货发票是次年 1 月 3 日才收到，并已记入次年 1 月的账内，当年 12 月份的账上并无进货记录和对应的负债记录，这就少计了存货和应付账款。相反，如果在当年 12 月 31 日就收到一张购货发票并记入了当年 12 月份的账内，而这张发票所对应的存货实物却在次年 1 月 3 日才收到，未包括在当年年底的盘点范围内，这样就有可能虚减本年的利润。

按照存货截止的基本要求，若未将年终在途货物列入当年存货盘点范围内，只要相应的负债亦同时记入次年账内，对财务报表的影响就不重要。

存货截止测试的主要方法是抽查存货盘点日前后的购货发票与验收报告（或入库单）。12 月底入账的发票如果附有 12 月 31 日或之前的验收报告（或入库单），则货物肯定已经入库，并包括在本年的实地盘点范围内。如果验收报告的日期为 1 月份的日期，则货物不会列入年底实地盘点范围内。反之，如果仅有验收报告（或入库单）而并无购货发票，则应认真审核每一验收报告（或入库单）上面是否加盖“暂估入库”印章，并以暂估价记入当年存货账内，待次年年初以红字冲销。

在确定截止测试样本时，一般以截止日为界限，分别向前倒推或向后顺推若干日，按顺序选取较大金额购货业务的发票或验收报告作为审计样本。截止测试完成后，对于发现的错误，应提请被审计单位进行必要的调整。

【例 5-3】2022 年 3 月，某会计师事务所审计人员在审计 A 公司存货时，以 2021 年 12 月 31 日为存货截止日实施存货截止测试，发现以下 3 项业务及相关会计处理记录。

1. 2021 年 12 月 28 日收到购货发票一张，已记入当年 12 月份账内（该批货物于 2022 年 1 月 5 日收到并验收入库）。相关会计分录如下：

借：原材料　　100 000

　　应交税费——应交增值税（进项税额）　　13 000

　　贷：预付账款　　113 000

该存货截止测试应检查截至 2021 年 12 月 31 日所购入并已包括在 12 月 31 日存货盘点范围内的存货。因此，2021 年 12 月 28 日收到的购货发票不能记入当年账内，而应在 2022 年 1 月 5 日收到货物并验收入库后，记入 2022 年 1 月账内。

2. 2021 年 12 月 30 日购入一批材料，入库单上盖有“暂估入库”印章，并以暂估价记入 2021 年 12 月的存货账中。相关会计分录如下：

借：原材料　　150 000

　　贷：应付账款——暂估应付款　　150 000

当材料仅有入库单而并无购货发票时，应检查入库单上是否加盖“暂估入库”印章，并以暂估入库价记账。待收到购货发票时再进行调整。

3. 2021 年 12 月 30 日所购材料的发票于 2022 年 1 月 10 日收到。

对于上述情况，应以收到发票的金额登记入账，并把暂估入账记录以红字冲销。冲销的会计分录如下：

借：原材料　　-150 000

　　贷：应付账款——暂估应付款　　-150 000

第六节 应付职工薪酬审计

一、应付职工薪酬审计的目标

职工薪酬是企业支付给员工的劳动报酬，主要有计时制薪酬和计件制薪酬两种形式。

职工薪酬一般采用现金的形式支付，因而此类业务相对其他业务更容易发生错误或舞弊行为，如虚报冒领、重复支付和贪污等。

随着经营管理水平的提高和技术的发展，职工薪酬业务中发生舞弊及错误的可能性已减小，因为严格的职工薪酬内部控制可以及时有效地揭露错误和舞弊。使用计算机编制职工薪酬表和使用工资卡，提高了职工薪酬计算的准确性。通过有关机构（如税务机关、社会保障机构）的复核，可相应防止职工薪酬计算的错误。

当然，在一般的企业中，职工薪酬在成本费用中所占的比重较大。如果职工薪酬的计算有误，势必会影响到成本费用和利润核算的正确性。因此，审计人员应重视对职工薪酬业务的审计。

一般而言，应付职工薪酬审计的目标主要包括：确定应付职工薪酬的计提和支出的记录是否完整，计提的依据是否合理；确定应付职工薪酬期末余额是否正确；确定应付职工薪酬的披露是否恰当；确定期末应付职工薪酬是否为被审计单位应履行的支付业务。

二、应付职工薪酬的实质性测试

1. 获取或编制应付职工薪酬明细表，复核加计是否正确，并与报表数、总账数和明细账合计数核对，检查是否相符。

2. 对本期职工薪酬的发生情况进行分析性复核。具体包括以下内容：

（1）检查各月职工薪酬的发生额是否有异常波动。若有，应查明产生波动的原因，进行记录，并要求被审计单位进行解释。

（2）将本期职工薪酬总额与上期进行比较，要求被审计单位解释其增减变动的原因，或取得被审计单位关于职工薪酬标准的制度。

（3）检查应付职工薪酬的计算是否正确；检查分配方法是否合理，与上期是否一致；将应付职工薪酬计提数与相关成本、费用类科目核对，检查是否一致。

（4）检查应付职工薪酬的范围、标准是否符合国家相关法律法规及制度。

（5）检查应付职工薪酬在资产负债表中的披露是否恰当。

【例 5-4】2022 年 3 月，某会计师事务所审计人员在审计 A 公司 2021 年 12 月应付职工薪酬时发现三项业务（见下文）。该公司认为其中第二、三项业务不属于应付职工薪酬核算范围，因而没有进行应付职工薪酬的会计处理。该公司共有职工 200 名，其中有 150 名直接参与生产的职工、30 名车间管理人员、20 名企业管理人员。

1. 当月应付职工薪酬总额为 216 000 元，工资费用分配表显示车间生产人员工资为 14 万元，车间管理人员工资为 4 万元，行政管理人员工资为 36 000 元。

相关会计分录如下：

借：生产成本——基本生产成本　　140 000
　　制造费用　　40 000
　　管理费用　　36 000
　　贷：应付职工薪酬　　216 000

2. 2021 年 12 月，该公司决定将其生产的每台成本为 8 000 元的电视机发放给职工作为福利。该型号的电视机市场售价为每台 1 万元，该公司适用的增值税税率为 13%。该公司向职工发放电视机作为福利，根据相关税收规定，应视同销售计算增值税销项税。

依据上述资料，“应付职工薪酬”科目应当设置“工资”“职工福利”“社会保险费”“非货币性福利”等明细科目进行核算。公司将自产产品发放给职工作为福利，视同销售，应确认收入并结转成本。

调整建议如下：

（1）计入应付职工薪酬

借：生产成本——基本生产成本　　1 695 000
　　制造费用　　339 000
　　管理费用　　226 000
　　贷：应付职工薪酬——非货币性福利　　2 260 000

（2）确认销售收入

借：应付职工薪酬　　2 260 000
　　贷：主营业务收入　　2 000 000
　　　　应交税费——应交增值税（销项税额）　　260 000

（3）结转成本

借：主营业务成本　　1 600 000
　　贷：库存商品　　1 600 000

3. 该公司 2021 年 10 月决定精减管理人员，拟辞退 2 人，并于 2021 年 12 月 1 日起执行。经该公司管理层批准，被辞退者每人补偿 10 万元。

依据上述资料，辞退员工所支付的补偿金应先记入“应付职工薪酬——辞退福利”科目，然后记入“管理费用”科目。

调整建议如下：

借：管理费用　　200 000

　　贷：应付职工薪酬——辞退福利　　200 000

第七节　其他相关项目审计

一、物资采购审计

审计人员在审计物资采购项目时，应按以下流程操作：

1. 获取或编制物资采购明细表，复核加计是否正确，与总账数、明细账合计数核对，检查是否相符。

2. 检查期末物资采购业务，核对有关凭证，对大额物资采购追查至相关的购货合同及购货发票，复核采购成本的正确性，并抽查后期入库情况。

3. 查阅资产负债表日前后若干天物资采购增减变动的有关账簿记录和收料单等资料，检查有无跨期现象。如有则应进行记录，必要时进行调整。如采用计划成本核算，审计人员应审核物资采购账目中有关材料成本差异发生额的计算处理是否正确。此外审计人员还应审核有无长期挂账物资采购事项。如有则应查明原因，必要时应予调整。

二、原材料审计

审计人员在审计原材料项目时，应获取或编制原材料明细表，复核加计是否正确，并与总账数、明细账合计数核对，检查是否相符。同时，抽查核对明细账是否与仓库台账、卡片记录相符。在此基础上，实施以下测试程序：

1. 将期末原材料余额与上期期末余额进行比较，分析其波动原因，并对大额异常项目进行调查。

2. 现场观察被审计单位的期末原材料盘点情况，取得原材料盘点资料和盘盈、盘亏报告表，进行重点抽查，并注意查明账实不符的原因，检查有关审批手续是否完备及会计处理是否正确。存放在外的库存原材料应现场查看或函证核实。

3. 检查原材料的计价基础和计价方法是否正确，是否前后各期一致。以实际成本计价时，应将原材料的单位成本与原材料明细账及购货发票核对。以计划成本计价时，应将原材料的单位成本与原材料明细账、原材料成本差异明细账及购货发票核对，检查发出材料的计价基础，抽查若干个月的发出材料汇总表的正确性。

4. 根据被审计单位原材料计价方法，抽查年末结存量较大的原材料的计价是否正确。若原材料以计划成本计价，还应检查原材料成本差异账中的发生额、转销额是否计算正确。

5. 审核有无长期挂账原材料事项。如有，则应查明原因，必要时进行相应调整。

6. 查阅资产负债表日前后若干天的原材料增减变动的有关账簿记录和原始凭证，检查有无跨期现象。如有，则应进行记录，必要时进行相应调整。同时，结合原材料盘点情况，检查期末有无料到单据未到情况。如有，则应查明是否已暂估入账，确定其暂估价是否合理。

三、材料成本差异审计

审计人员在审计材料成本差异项目时，应首先获取或编制材料成本差异明细表，复核加计是否正确，并与总账数、明细账合计数核对，检查是否相符。然后，对每月材料成本差异率进行分析性复核，检查是否有异常波动，注意是否存在调节成本现象；抽查若干个月的发出材料汇总表，检查材料成本差异的分配是否正确，并注意分配方法前后各期是否一致。

四、库存商品审计

审计人员在审计库存商品项目时，应首先获取或编制库存商品明细表，复核加计是否正确，并与总账数、明细账合计数核对，检查是否相符，同时与仓库台账、卡片记录核对，检查是否相符。然后按以下程序操作：

1. 现场观察被审计单位库存商品盘点情况，取得库存商品盘点资料和盘盈、盘亏报告表，进行重点抽查，并注意查明账实不符原因，审查有关审批手续是否完备，会计处理是否正确。对残次、呆滞的库存商品，关注其计价是否合理。

2. 核查库存商品的计价方法，检查其前后各期是否一致。

（1）对自制商品，以实际成本计价时，应将库存商品的单位成本与库存商品明细账及成本计算单核对；以计划成本计价时，应将库存商品的单位成本与库存商品明细账、商品成本差异明细账及成本计算单核对。

（2）对库存外购商品，以实际成本计价时，应将库存商品的单位成本与库存商品明细账及购货发票核对；以计划成本计价时，应将库存商品的单位成本与库存商品明细账、商品成本差异明细账及购货发票核对。

3. 抽查库存商品入库单，核对库存商品的品种、数量与入账记录是否一致，并检查入库商品的实际成本是否与“生产成本”科目的结转额相符。

4. 抽查库存商品的发出凭证，核对转出商品的品种、数量和实际成本与营业成本是否相符。

5. 审阅库存商品明细账，检查有无长期挂账库存商品事项。如有则应查明原因，必要时进行相应调整。

五、存货跌价准备审计

审计人员在审计存货跌价准备项目时，应按以下流程操作：

1. 获取或编制存货跌价准备明细表，复核加计是否正确，并与总账数和明细账合计数核对，检查是否相符。

2. 检查被审计单位存货跌价准备计提的依据、方法是否合理，前后各期是否一致，会计处理是否正确。

3. 确定存货跌价准备在财务报表中的披露是否恰当。

4. 如果已计提跌价准备的存货价值又得以恢复，应检查是否在已计提的跌价准备中转回，如已转回应记录转回金额。

知识链接

低值易耗品审计

审计人员在审计低值易耗品项目时，应首先获取或编制低值易耗品明细表，复核加计是否正确，并与总账数、明细账合计数核对，检查是否相符。然后，检查低值易耗品的入库和领用手续是否齐全，会计处理是否正确；检查低值易耗品的摊销方法是否正确，前后各期是否一致；审核有无长期挂账低值易耗品事项，如有，则应查明原因，必要时进行调整。

小结

本章介绍了对生产与存货循环进行审计的基本要求与审查要点。通过学习，学生应理解存货成本审计、存货监盘、存货计价审计和截止测试、应付职工薪酬审计及其他相关项目审计等知识内容。

本章的重点是存货成本审计、存货计价审计和截止测试，难点是在不同背景资料下熟练运用相关审计方法对所涉及的存货成本进行审计并提出相关审计建议。

思考与练习

一、简答题

1. 生产与存货循环涉及的凭证与会计记录有哪些？

2. 生产与存货循环涉及的主要业务活动有哪些?

3. 简述存货监盘的内容。

4. 简述应付职工薪酬审计的目标。

二、案例分析题

2022 年 3 月，某会计师事务所审计人员在审计 B 公司 2021 年度发出材料业务时发现，该公司当年 12 月生产领用某种材料计划成本为 60 万元，车间管理部门领用该材料计划成本为 10 万元，当月材料成本差异率为-2%。相关会计分录如下:

1. 结转发出材料成本

借：生产成本　　　　500 000

　　制造费用　　　　100 000

　　贷：原材料　　　　600 000

2. 结转发出材料成本差异

借：生产成本　　　　12 000

　　贷：材料成本差异　　　　12 000

依据上述材料，指出该公司存在的问题，并提出相应的调整建议。

第六章
筹资与投资循环审计

学习目标

知识目标

1. 熟悉筹资与投资循环的业务流程。
2. 理解筹资与投资循环的控制测试。
3. 理解借款、所有者权益及其他相关项目审计中主要的实质性测试。

能力目标

1. 能够进行筹资与投资循环的控制测试与实质性测试。
2. 能够对筹资与投资循环审计中发现的问题进行分析和判断，并培养一定的案例分析能力。

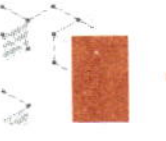

【本章导学】

在企业的日常经营中，借款业务和实收资本业务风险较高，会计核算的绝大多数业务都与它们有关，很多会计舞弊事项都会在它们中表现出来。例如，通过改变借款的用途、对盈余公积转增实收资本不设限制等方式，达到改变资金用途和虚增资本的目的。

本章主要介绍筹资与投资循环内部控制的重点、控制测试的内容和实质性测试程序、会计核算中可能存在的舞弊形式。

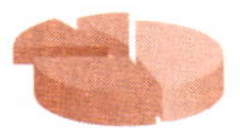

思维导图

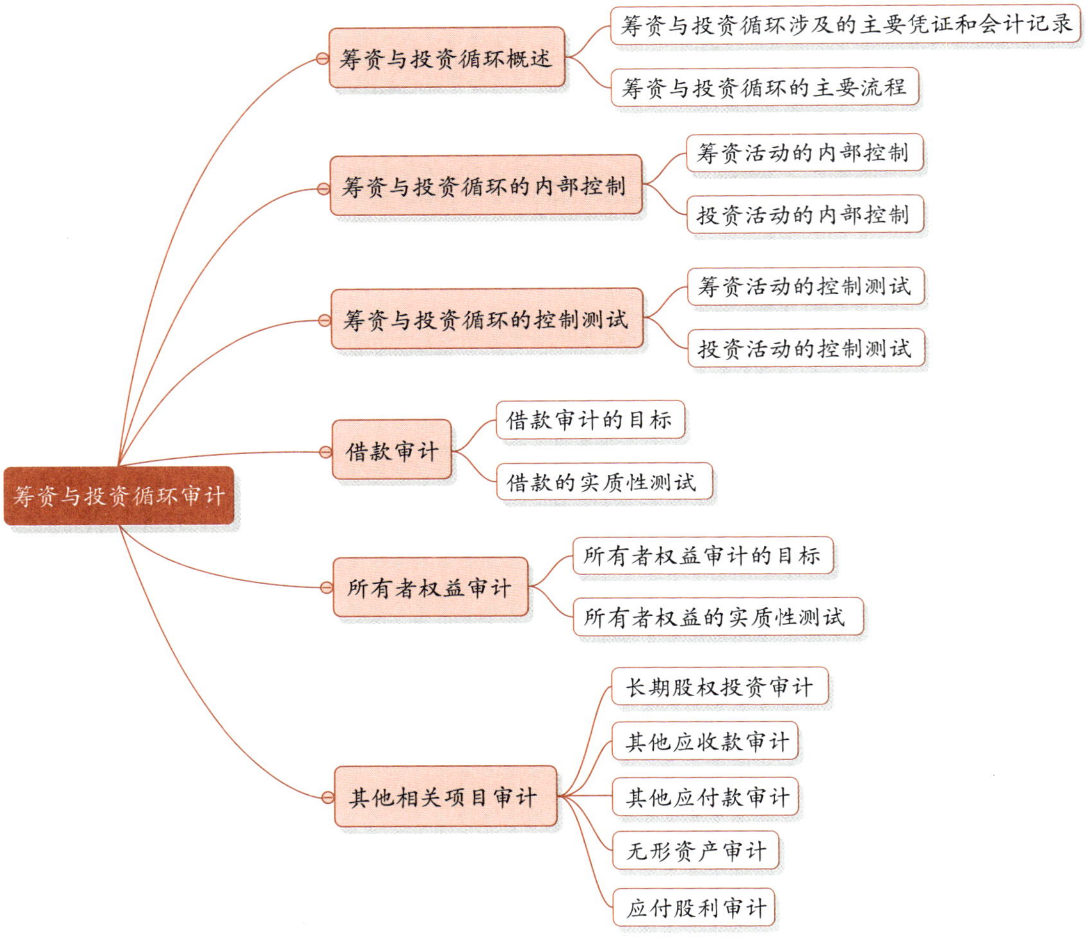

- 筹资与投资循环审计
  - 筹资与投资循环概述
    - 筹资与投资循环涉及的主要凭证和会计记录
    - 筹资与投资循环的主要流程
  - 筹资与投资循环的内部控制
    - 筹资活动的内部控制
    - 投资活动的内部控制
  - 筹资与投资循环的控制测试
    - 筹资活动的控制测试
    - 投资活动的控制测试
  - 借款审计
    - 借款审计的目标
    - 借款的实质性测试
  - 所有者权益审计
    - 所有者权益审计的目标
    - 所有者权益的实质性测试
  - 其他相关项目审计
    - 长期股权投资审计
    - 其他应收款审计
    - 其他应付款审计
    - 无形资产审计
    - 应付股利审计

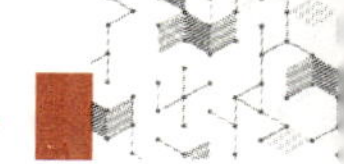

第一节　筹资与投资循环概述

筹资与投资循环由筹资活动和投资活动的交易事项构成。筹资活动主要由借款交易和所有者权益交易组成，投资活动主要由权益性投资和债权性投资组成。筹资与投资循环审计涉及的主要内容有借款审计、所有者权益审计、长期股权投资审计、其他应收款审计、其他应付款审计、无形资产审计和应付股利审计等。

一、筹资与投资循环涉及的主要凭证和会计记录

1. 筹资活动涉及的主要凭证和会计记录

筹资活动涉及的主要凭证和会计记录如图 6-1 所示。

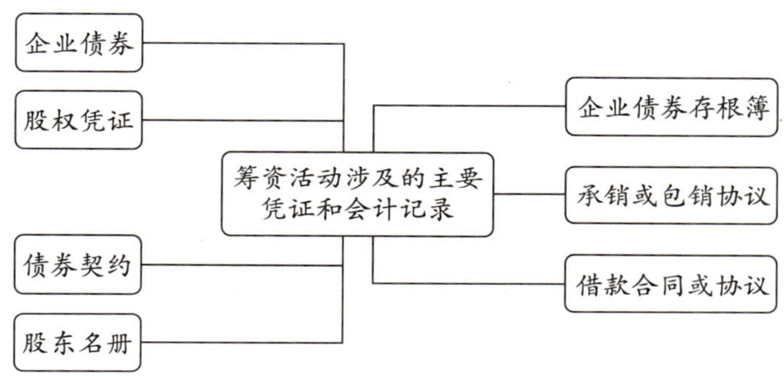

图 6-1　筹资活动涉及的主要凭证和会计记录

(1) 企业债券

企业债券是企业依据法定程序发行、约定在一定期限内还本付息的有价证券。

(2) 股权凭证

股权凭证是企业签发的证明股东所持股份的凭证。

(3) 债券契约

债券契约是载明债券持有人与债券发行企业双方权利与义务的法律性文件，其内容包括债券发行标准、债券的利息或利率、受托管理人证书、登记和背书、债券到期不兑付时的处理措施，以及对偿债基金、利息支付、本金返还等的处理。

(4) 股东名册

股东名册是发行记名股票的企业记载股东有关信息的凭证，内容包括股东的姓名、股东所持股份数、股东所持股票的编号、股东取得其股份的日期。发行无记名股票的，企业应记载其股票数量、编号及发行日期。

(5) 企业债券存根簿

企业债券存根簿是发行记名企业债券时记载债券持有人有关信息的凭证，内容包括债券

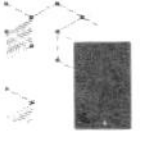

持有人的名称及住所，债券持有人取得债券的日期及债券的编号，债券的发行总额、票面金额、利率，债券还本付息的期限和方式，债券的发行日期。发行无记名企业债券的，应当在企业债券存根簿上记载债券总额、利率、偿还期限、偿还方式、发行日期及债券的编号。

（6）承销或包销协议

企业向社会公开发行债券或股票时，应当由依法设立的证券经营机构承销或包销，企业应与其签订承销或包销协议。

（7）借款合同或协议

借款合同或协议是企业向银行或其他金融机构借入款项时与其签订的合同或协议。

2. 投资活动涉及的主要凭证和会计记录

投资活动涉及的主要凭证和会计记录如图6-2所示。

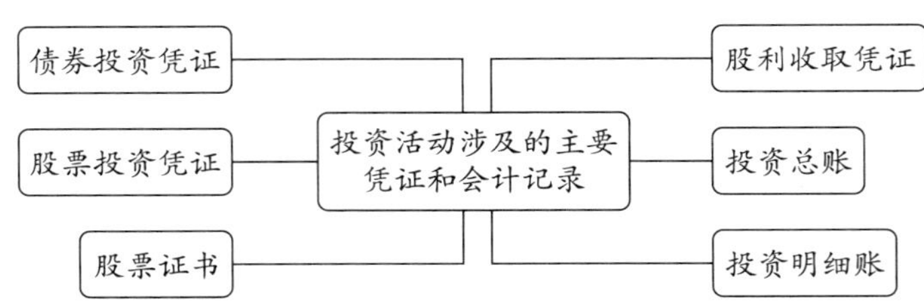

图6-2　投资活动涉及的主要凭证和会计记录

（1）债券投资凭证

债券投资凭证是载明债券持有人与债券发行企业双方权利与义务的法律性文件，其内容一般包括债券发行的标准、债券的利息或利率、受托管理人证书、登记和背书。

（2）股票投资凭证

股票买入凭证记载股票购买业务，包括购买股票数量、被投资企业、股票买价、交易成本、购买日期、结算日期、结算日应付金额合计数。股票卖出凭证记载股票卖出业务，包括卖出股票数量、被投资企业、股票卖价、交易成本、卖出日期、结算日期、结算日应收金额合计数。

（3）股票证书

股票证书是载明股东所有权的证据，记录股东持有的被投资企业股票数量。如果被投资企业发行了多种类型的股票，股票证书中也反映股票的类型，如普通股、优先股。

（4）股利收取凭证

股利收取凭证是向所有股东分发股利的文件，标明股东、股利数额、每股股利、股东在交易最终日期获取的总股利金额。

（5）投资总账

投资总账记录投资活动所有相关详细信息，包括所获得或收取的投资收益、初始购

买成本和投资项目之后的账面价值等。

（6）投资明细账

投资明细账由投资单位保存，用来记录所有的非现金投资交易，以及与处置投资相关的损益。

二、筹资与投资循环的主要流程

1. 筹资活动流程

筹资活动流程如图 6-3 所示。

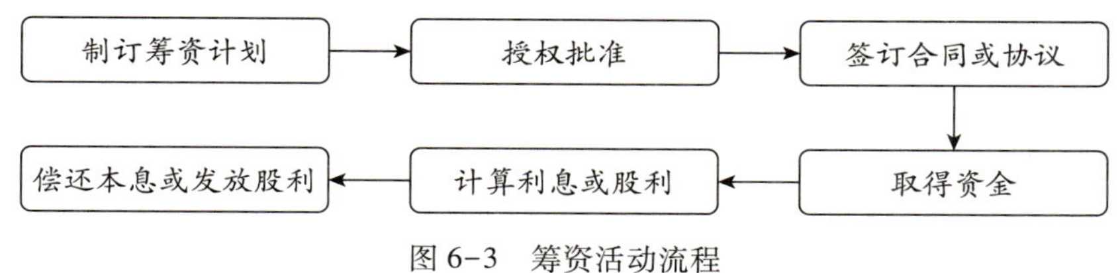

图 6-3 筹资活动流程

（1）制订筹资计划

企业筹资须先由管理层指导相关业务部门制订周密的筹资计划，初步确定筹资金额、方式、渠道等事项。

（2）授权批准

企业筹资须经董事会授权，并经国家有关管理部门批准。

（3）签订合同或协议

借款须签订借款合同，吸收直接投资须签订投资协议，发行债券须签订债券契约，公开发行股票、债券须签订承销或包销协议。

（4）取得资金

企业实际取得借入的款项或发行债券、股票所融入的资金。

（5）计算利息或股利

企业应按有关合同和协议的规定，及时计算利息或股利。

（6）偿还本息或发放股利

向银行借款或发行债券应按有关合同或协议的规定偿还本息。发行股票的企业应根据股东大会的决议发放股利。

2. 投资活动流程

投资活动流程如图 6-4 所示。

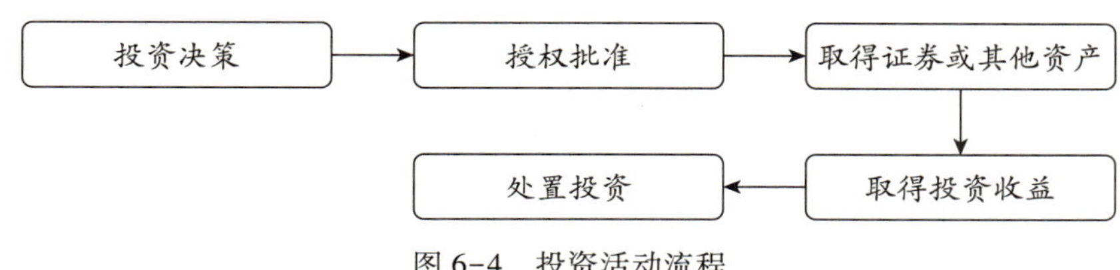

图 6-4 投资活动流程

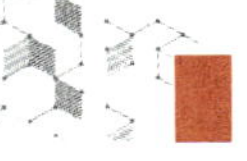

（1）投资决策

企业相关业务部门提出投资意向与计划，提交管理层讨论、决策。

（2）授权批准

投资业务应由企业的管理层进行授权批准。

（3）取得证券或其他资产

企业可以单独通过购买股票、债券、基金等进行投资，也可以与其他单位联合进行投资。

（4）取得投资收益

企业可以取得股权投资的股利收入、债券投资的利息收入和其他投资收益。

（5）处置投资

企业可以收回、转让、核销投资资产。

第二节 筹资与投资循环的内部控制与控制测试

一、筹资与投资循环的内部控制

1. 筹资活动的内部控制

（1）授权审批

企业借款、发行债券必须建立授权审批制度，明确审批的权限。一般都由董事会根据企业生产经营的需要，在充分论证的基础上，对有关筹资方案进行立项，并授权财务主管提交筹资计划，再由董事会审批。申请发行债券、股票时，应履行审批手续，向有关部门递交相关文件。

（2）合理分工

合理的职责分工有利于避免和减少筹资业务中发生的错误和舞弊现象。筹资业务中职务应分离的情况有：

1）筹资方案编制职务与审批职务适当分离。

2）筹资业务的经办职务与会计记录职务分离，通常由独立机构代理发行债券、股票。

3）会计记录职务与收付款职务分离。

4）证券保管职务与会计记录职务分离。

5）筹资业务明细账的登记职务和总账的登记职务分离。

（3）签订合同或协议

企业向银行或其他机构借款必须签订合同或协议。企业发行债券必须签订债券契约。

企业向社会公开发行债券时，应当聘请独立的证券经营机构承销或包销，且必须与其签订承销或包销协议。上述合同或协议应由专人保管。

（4）实物保管控制

对于已发行的债券，企业应设置债券持有人明细账（债券存根簿），由专人负责详细记载相关内容。应由独立人员定期核对债券持有人明细账和总账的完整性和正确性。若这些记录由外部机构保管，则定期同外部机构核对。对未发行的债券必须预先编号，由专人保管或委托外部独立机构代为保管。同时，应设立债券库存登记簿，详细记录未发行债券的动用情况。独立检查人员必须定期检查未发行债券的数量和保管情况。已收回的债券要及时注销或盖章作废，以防不合法使用。

（5）将款项及时如数存入开户银行

企业向银行或其他机构借入的款项、通过发行债券所得的款项应及时如数存入开户银行。

（6）监督借款使用

取得借款后，财务部门应进行监督，确保借款按规定的用途使用，不得挪作他用。

（7）偿还本息

财务部门应合理调度资金，保证企业能够按期还本付息。对于银行借款或债券，应按有关合同、协议或债券契约的规定支付利息，到期偿还本金。债券利息通常委托外部独立机构代为发放，以便加强管理。

（8）依规进行会计核算和披露

企业对筹资活动应按会计准则和会计制度的规定进行会计核算和披露。保证按正确的金额、合理的方法，在适当的账户和合理的会计期间及时地进行正确记录。企业还应按有关合同、协议或债券契约的规定及时计算借款或债券利息。对债券的溢价、折价，应当选用适当的摊销方法。支付的利息必须计算正确并记入对应账户。

2. 投资活动的内部控制

（1）合理的职责分工

合理的职责分工是指合法的投资业务应在业务的授权、执行、会计记录以及投资资产的保管等方面都有明确的分工，不得由一人同时负责上述任意两项工作。例如，投资业务经企业高层管理机构核准后，可由高层负责人签批，由财务经理办理具体的股票或债券的买卖业务，由财务部门负责进行会计记录和会计处理，并由专人保管股票或债券。这种合理的分工所形成的相互牵制机制有利于避免或减少投资业务中发生错误或舞弊的可能性。

（2）健全的资产保管制度

企业对投资资产（指股票和债券资产）一般有两种保管方式：一种是由独立的专门

机构保管，例如，在企业拥有较大金额投资资产的情况下，委托银行、证券公司、信托投资公司等机构保管；另一种方式是由企业自行保管，在这种方式下，必须建立严格的联合控制制度，即至少要由两名以上人员共同控制，不得一人单独接触资产。对于任何证券的存入或取出，都要将证券名称、数量、价值及存取日期等详细记录于证券登记簿内，并由所有在场的经手人员签名。

（3）严格的会计核算制度

企业的投资资产无论是自行保管还是由他人保管，都要进行完整的会计记录，并对其增减变动及投资收益进行会计核算。

（4）严格的记名登记制度

除无记名证券外，企业在购入股票或债券时应在购入的当日尽快登记在企业名下，切忌登记在经办人员名下。

（5）完善的定期盘点制度

企业所拥有的投资资产，应由内部审计人员或不参与投资业务的其他人员进行定期盘点，检查是否确为企业所拥有，并将盘点记录与账面记录相核对以确认账实相符。

二、筹资与投资循环的控制测试

1. 筹资活动的控制测试

筹资活动的控制测试主要包括 4 项内容：

一是检查企业的筹资活动是否经过授权批准。

二是检查筹资活动的授权、执行、记录和实物保管是否严格分离，是否存在由一人同时负责两项及以上业务的情况。

三是查明筹资活动是否建立了严密的账簿体系和记录制度，并进行定期检查。

四是审计人员在完成上述工作后，即可对被审计单位进行评价，以确定其内部控制的强点与弱点以及相关内部控制制度的可信赖程度，进而确定实质性测试的性质、时间和范围，并针对控制的薄弱环节提出改进意见。

以应付债券为例，应付债券的控制测试流程如图 6-5 所示。

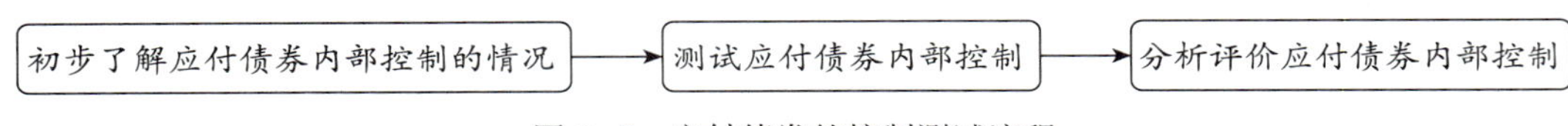

图 6-5　应付债券的控制测试流程

（1）初步了解应付债券内部控制的情况

一般可以采用编制流程图、撰写内部控制说明、设计问答式调查表等方式，初步了解企业应付债券内部控制的情况。在了解时通常应注意以下问题：

1）企业发行债券是否获得董事会授权，是否符合有关法律法规的规定，是否办理了

适当的审批手续。

2）企业债券的发行收入是否立即存入银行。

3）企业是否根据契约的规定及时支付利息。

4）企业是否将应付债券记入恰当的账户，并定期将明细账和总账进行核对。

5）企业债券持有人明细账是否指定专人妥善保管。企业债券的偿还和回购是否按董事会的授权办理。

（2）测试应付债券内部控制

审计人员初步了解应付债券的内部控制情况后，应运用一定的方法进一步测试其健全有效程度。测试通常包括以下几个方面的内容：

1）索取债券发行的有关授权批准文件、借款合同或协议、债券契约、承销或包销协议等资料，检查债券发行业务的审批权限是否适当，手续是否齐全。

2）通过实地调查和跟踪业务的方法，检查债券业务的职责分工是否合理。

3）通过了解债券持有人明细账的保管制度，检查被审计单位是否将有关明细账目与总账或外部机构核对，是否有完善的保管制度。

4）抽查债券业务的会计记录，从明细账中抽取部分会计记录，按照从原始凭证到明细账、总账的顺序，核对有关数据和情况，以查明企业发行债券的收入是否立即存入银行，债券入账的会计处理是否正确，债券溢（折）价的会计处理是否正确，企业是否根据债券契约的规定支付利息。

5）取得债券偿还和回购时的董事会决议，查明债券的偿还和回购是否按董事会的授权进行。

（3）分析评价应付债券内部控制

审计人员在完成上述程序后，应对企业应付债券的内部控制进行分析、评价，以确定其对实质性测试的影响，并针对薄弱环节提出改进建议。

2. 投资活动的控制测试

投资活动的控制测试流程如图 6-6 所示。

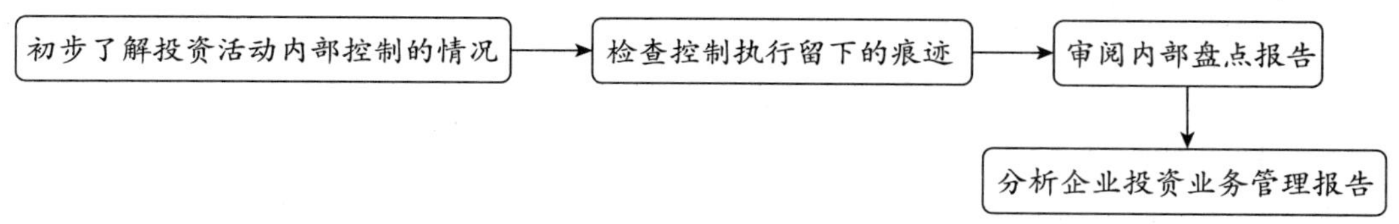

图 6-6　投资活动的控制测试流程

（1）初步了解投资活动内部控制的情况

审计人员一般可采用问卷调查形式，了解企业是否存在投资活动内部控制，并适当

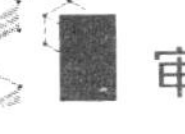

记录。一般而言，应了解的内容如下：

1）投资项目是否经授权批准，投资金额是否及时入账。

2）企业是否与被投资单位签订投资合同或协议，是否获得被投资单位出具的投资证明。

3）企业投资的核算方法是否符合有关财务制度的规定，相关的投资收益会计处理是否正确，手续是否齐全。

4）企业有价证券的买卖是否经恰当授权，证券是否妥善保管并定期盘点核对。

（2）检查控制执行留下的痕迹

审计人员可以从各类投资业务的明细账中抽取部分会计记录，按照从原始凭证到明细账、总账的顺序核对有关数据和情况，判断其会计处理过程是否合规、完整，并据以核实上述了解到的有关内部控制是否得到了有效执行。检查内容具体包括以下几点：

1）记录的投资交易是否真实。常用的控制测试是索取投资授权批准文件。此外，应检查审批手续是否齐全。

2）投资交易是否均已记录。常用的控制测试是询问投资业务的职责分工情况及内部对账情况。此外，应检查被审计单位是否定期与交易对象或被投资方核对账目。

3）是否均已将投资交易以恰当金额记入恰当的期间。常用的控制测试是检查被审计单位是否定期与被投资方核对账目。此外，应检查财务主管复核印记。

4）投资交易是否均已记入恰当的账户。常用的控制测试是检查账户设置是否与会计科目表一致。此外，应检查财务主管复核印记。

（3）审阅内部盘点报告

内部盘点报告是企业内部审计人员或其他授权人员提交的对投资资产进行定期盘核的报告。应注意其盘点方法是否恰当，账实不符的差异处理是否合规。如果审阅各期盘点报告后未发现账实之间存在差异或差异不大，说明企业投资资产的内部控制得到了有效执行。

（4）分析企业投资业务管理报告

对于企业的长期投资，审计人员应对照有关投资方面的文件和凭证，分析企业的投资业务管理报告。在作出长期投资决策之前，企业最高管理层（如董事会）需要对投资进行可行性研究和论证，并形成一定的会议纪要。

投资业务一经开展，又会形成一系列的投资凭证或文件，如证券投资中的各类证券，联营投资中的投资协议、合同及章程等。负责投资业务的财务经理须定期向企业最高管理层提交投资业务管理报告，报告有关投资业务的开展情况（包括投资业务内容、投资收益实现情况及未来发展预测），供最高管理层参考。审计人员应认真分析这些投资管理

报告的具体内容，并对照上述有关文件和凭证，判断企业长期投资业务的管理情况。

第三节　借款审计

一、借款审计的目标

1. 确定资产负债表中的借款是否存在。

2. 确定所有应当记录的借款是否均已记录。

3. 确定资产负债表中记录的借款是否为被审计单位应当履行的现时义务。

4. 确定借款是否以恰当的金额记入财务报表中，与之相关的计价调整是否已恰当记录。

5. 确定借款在财务报表中的列报是否恰当。

二、借款的实质性测试

1. 获取或编制有关借款明细表

复核加计是否正确，并与报表数、总账数和明细账合计数核对，检查是否相符。

2. 检查借款的增减变动

对年内增加的借款，了解借款数额、借款条件、还款日期、借款利率，并与相关会计记录核对。对年内减少的借款，检查相关记录和原始凭证，核实还款数额。

3. 检查借款的使用

检查借款使用是否符合借款合同的规定，有无违约行为，是否达到预期使用目标。

4. 函证借款

借款余额较大或有必要时，应向银行或其他债权人函证借款额、借款利率、已偿还金额及利息支付情况。

5. 检查年末有无到期未偿还的借款

检查相关记录和原始凭证，看有无到期未偿还的借款，逾期借款是否办理延期手续。分析逾期借款的金额、占比和期限，判断被审计单位的资信级别和偿债能力。

6. 检查借款费用

重新计算借款利息，并与财务费用相关记录核对，看有无高估或低估借款费用的情况。检查借款费用的会计处理是否正确，借款费用资本化或费用化的处理是否正确。

7. 检查借款的列报是否恰当

检查短期借款与长期借款在资产负债表上是否单独列示。检查一年内到期的长期借款是否从“长期借款”项目中扣除，并在“流动负债”下的“一年内到期的非流动负债”项目反映。检查借款的担保等是否已在附注中恰当披露。

【例 6-1】某会计师事务所对 A 公司 2019 年度长期借款明细账和借款合同审查时，发现该公司 2019 年 10 月 1 日因购买设备向银行借入资金 2 000 万元，借款期限为 5 年，年利率为 6%，每年付息一次，到期还本。该公司 2019 年 11 月 1 日用银行借款和自筹资金一次性向供货单位支付 1 300 万元设备价款、运输费、安装费等，该设备 2019 年 12 月 31 日达到预定可使用状态。该会计师事务所检查 2019 年 10 月、11 月和 12 月该笔借款应计利息的记账凭证，其会计分录均为：

借：财务费用　　100 000

　　贷：应付利息　　100 000

该笔借款是为购建固定资产而专门借入的款项。根据企业会计准则的规定，其 2019 年 11 月、12 月的利息费用符合资本化条件应予资本化，计入固定资产。而该公司将 2019 年 10 月、11 月、12 月该笔借款的利息费用全部计入财务费用，造成虚减资产，虚增费用，虚减利润。建议调整会计分录如下：

借：固定资产　　200 000

　　贷：财务费用　　200 000

第四节 所有者权益审计

一、所有者权益审计的目标

1. 确定资产负债表中记录的实收资本（股本）、资本公积、其他综合收益、盈余公积、未分配利润是否存在。

2. 确定所有应当记录的实收资本（股本）、资本公积、其他综合收益、盈余公积、未分配利润是否均已入账。

3. 确定实收资本（股本）、资本公积、其他综合收益、盈余公积、未分配利润是否以正确的金额在财务报表中反映。

4. 确定实收资本（股本）、资本公积、其他综合收益、盈余公积、未分配利润在财务报表中的列报是否恰当。

二、所有者权益的实质性测试

1. 实收资本（股本）的实质性测试

（1）获取或编制实收资本（股本）增减变动情况明细表，复核加计是否正确，并与

报表数、总账数和明细账合计数核对，检查是否相符。

（2）查阅公司章程、股东大会及董事会会议记录中有关实收资本（股本）的规定，收集与实收资本（股本）变动有关的董事会会议纪要、合同、协议、公司章程、营业执照、验资报告等文件，并更新永久性档案。

（3）检查实收资本（股本）增减变动的原因，查阅其是否与董事会会议纪要、合同、协议及其他有关文件的规定一致，逐笔追查至原始凭证，检查其会计处理是否正确。注意有无抽资或变相抽资的情况。对于以资本公积、盈余公积和未分配利润转增资本的情况，还应取得股东大会记录等资料，并审核是否符合国家有关规定。对首次接受审计的单位，除取得验资报告外，还应检查复印记账凭证及进账单。

（4）根据证券登记结算机构提供的股东名录，检查被审计单位及其子公司、合营企业与联营企业是否有违反规定的持股情况。

（5）检查认股权证及其有关交易，确定委托人及认股人是否遵守认股协议或认股权证的有关规定。

（6）确定实收资本（股本）在财务报表中的列报是否恰当。

【例 6-2】某会计师事务所在对 A 公司 2019 年的财务报表审计时注意到，A 公司上年度期末的注册资本为 300 万元，“盈余公积——法定盈余公积”账户余额为 200 万元。该公司在年末将“盈余公积——法定盈余公积”账户的 200 万元全部转增股本，使注册资本达到 500 万元，其会计分录如下：

借：盈余公积——法定盈余公积　　2 000 000
　　贷：股本　　2 000 000

《中华人民共和国公司法》规定，法定公积金转为资本时，所留存的该项公积金不得少于转增前公司注册资本的 25%。据此，A 公司转增股本后留存的法定盈余公积金最低限额为 75 万元（300×25%），因此建议 A 公司调回 75 万元。建议调整会计分录如下：

借：股本　　750 000
　　贷：盈余公积——法定盈余公积　　750 000

2. 资本公积的实质性测试

（1）获取或编制资本公积明细表，复核加计是否正确，并与报表数、总账数和明细账合计数核对，检查是否相符。

（2）收集与资本公积变动有关的股东大会决议、董事会会议纪要、资产评估报告等文件资料，更新永久性档案。对首次接受审计的单位，应检查期初资本公积的原始形成

依据。

（3）根据资本公积明细账，对股本溢价、其他资本公积各明细账的发生额逐项审查。

（4）对股本溢价，检查会计处理是否正确，注意股票溢价收入的计算是否已扣除股票发行费用。

（5）检查长期股权投资是否以权益法核算，检查被投资单位除了净损益、其他综合收益和利润分配以外的所有者权益的变动情况，检查被审计单位是否已按其享有的份额将有关项目入账，检查会计处理是否正确。处置该项投资时，注意是否已转销与其相关的资本公积。

（6）检查资本公积各项目，考虑对所得税的影响。

（7）确定资本公积在财务报表中的列报是否恰当。

【例 6-3】某会计师事务所在审计 A 公司 2019 年 8 月份的资本公积总账时，发现借方发生额为 74 000 元。之后进一步审阅“资本公积——其他资本公积”明细账，发现借方发生额为 74 000 元的记账凭证为第 243 号。审计人员随即调阅该记账凭证，其摘要为“职工医药费报销”。相关会计分录为：

借：资本公积——其他资本公积　　74 000

　　贷：银行存款　　74 000

其后附的原始凭证为职工医药费报销单据及 1 张转账支票存根。

经询问 A 公司会计人员得知，公司因医药费开支过大，而将其列入“资本公积”科目。建议调整会计分录如下：

借：管理费用　　74 000

　　贷：资本公积——其他资本公积　　74 000

3. 其他综合收益的实质性测试

（1）获取或编制其他综合收益明细表，复核加计是否正确，并与报表数、总账数和明细账合计数核对，检查是否相符。

（2）检查其他债权投资的公允价值变动导致的其他综合收益增加或减少的金额是否正确。检查其他债权投资的后续计量是否相应调整其他综合收益。

（3）确认按照权益法核算的在被投资单位其他综合收益中所享有的份额导致的其他综合收益的增加或减少。

4. 盈余公积的实质性测试

（1）获取或编制盈余公积明细表，复核加计是否正确，并与报表数、总账数和明细账合计数核对，检查是否相符。

（2）收集与盈余公积有关的董事会会议纪要、股东大会决议等文件资料，并更新永久性档案。

（3）对法定盈余公积和任意盈余公积的发生额逐项审查至原始凭证。

（4）审查法定盈余公积和任意盈余公积的计提顺序、计提基数、计提比例是否符合有关规定，检查有关会计处理是否正确。

（5）审查盈余公积的减少是否符合有关规定。取得董事会会议纪要、股东大会决议并进行核实，检查有关会计处理是否正确。

（6）检查盈余公积在财务报表中的列报是否恰当。

5. 未分配利润的实质性测试

（1）获取或编制未分配利润明细表，复核加计是否正确，与报表数、总账数及明细账合计数核对，检查是否相符。

（2）检查未分配利润期初数与上期审定数是否相符，涉及损益的上期调整是否正确入账。

（3）收集和检查与利润分配有关的董事会会议纪要、股东大会决议、政府部门批文及有关合同、协议、公司章程等文件资料，更新永久性档案。对照有关规定确认利润分配的合法性。

（4）检查本期未分配利润变动（除了净利润转入以外）的全部相关凭证，结合所获取的文件资料，确定其会计处理是否正确。

（5）了解以本年利润弥补以前年度亏损的情况。如果已超过企业所得税弥补亏损期限，且已因为可抵扣亏损而确认递延所得税资产，应当进行调整。

（6）结合“以前年度损益调整”账户的审计，检查以前年度损益调整的内容是否真实、合理，注意对以前年度所得税的影响。对重大调整事项应逐项核实其发生原因、依据和有关资料，复核数据的正确性。

（7）检查未分配利润在财务报表中的列报是否恰当。

第五节 其他相关项目审计

一、长期股权投资审计

1. 长期股权投资审计的目标

（1）确定资产负债表中记录的长期股权投资是否存在。

（2）确定所有应当记录的长期股权投资是否均已记录。

（3）确定记录的长期股权投资是否由被审计单位拥有或控制。

（4）确定长期股权投资是否以恰当的金额反映在财务报表中，与之相关的计价调整是否已恰当记录。

（5）确定长期股权投资在财务报表中的列报是否恰当。

2. 长期股权投资的实质性测试

（1）获取或编制长期股权投资明细账，复核加计是否正确，并与总账数和明细账合计数核对，检查是否相符。将“长期股权投资减值准备”账户记录与报表数核对，检查是否相符。

（2）根据有关合同和文件，确认股权投资的股权比例和持有时间，检查股权投资核算方法是否正确。

（3）对于重大的投资，向被投资单位函证被审计单位的投资额、持股比例及被投资单位发放股利等情况。

（4）对于应采用权益法核算的长期股权投资，获取被投资单位已经被注册会计师审计过的财务报表。如果未经注册会计师审计，则应考虑对被投资单位的财务报表实施适当的审计或审阅程序。

（5）对于采用成本法核算的长期股权投资，检查股利分配的原始凭证及分配决议等资料，确定会计处理是否正确。

（6）对于核算时所采用的成本法和权益法相互转换的，检查其投资成本的确定是否正确。

（7）检查长期股权投资增减变动的记录是否完整。

（8）检查本期增加的长期股权投资，追查至原始凭证及相关的文件或决议，以及被投资单位验资报告或财务资料等，确认长期股权投资是否符合投资合同、协议的规定，是否已确实投资，会计处理是否正确。

（9）检查本期减少的长期股权投资，追查至原始凭证，确认长期股权投资的收回有合理的理由及授权批准手续，并已确实收回投资，检查相关会计处理是否正确。

（10）期末对长期股权投资进行逐项检查，以确定长期股权投资是否已经发生减值，是否正确计提长期股权投资减值准备，检查有无违规转回的现象。

（11）检查长期股权投资在财务报表中的列报是否恰当。注意长期股权投资担保的情况是否已恰当披露。

二、其他应收款审计

1. 其他应收款审计的目标

（1）确定其他应收款是否存在。

（2）确定其他应收款是否归被审计单位所有。

（3）确定其他应收款增减变动的记录是否完整。

（4）确定其他应收款是否可收回。

（5）确定其他应收款年末余额是否正确。

（6）确定其他应收款在财务报表中的披露是否恰当。

2. 其他应收款的实质性测试

（1）核对其他应收款明细账与总账的余额，检查是否相符。

（2）编制或获取其他应收款明细表，复核加计是否正确，与总账数和明细账合计数核对，检查是否相符，并标明截至审计日已收回或转销的项目。

（3）选择金额较大和异常的项目，检查原始凭证或进行函证。

（4）对发出询证函而未能收回的，采取替代审计措施，例如，核查下一年度明细账，或追查至其他应收款发生时的付款凭证。

（5）对于长期未能收回的项目，应查明原因，确定是否可能发生坏账损失。审查转作坏账损失的项目是否符合规定并办妥审批手续。

（6）分析明细账余额。对于出现贷方余额的项目，应查明原因，必要时进行重分类调整。

（7）验明其他应收款是否已在资产负债表中恰当披露。

三、其他应付款审计

1. 其他应付款审计的目标

（1）确定资产负债表中记录的其他应付款是否存在。

（2）确定所有应当记录的其他应付款是否均已记录。

（3）确定记录的其他应付款是否为被审计单位应当履行的现时义务。

（4）确定其他应付款是否以恰当的金额反映在财务报表中，与之相关的计价调整是否已恰当记录。

（5）确定其他应付款是否已按照企业会计准则的规定在财务报表中恰当列报。

2. 其他应付款的实质性测试

（1）获取或编制其他应付款明细表，复核加计是否正确，并与报表数、总账数和明细账合计核对，检查是否相符。请被审计单位协助，在其他应付款明细表上标出截至审计日已支付的其他应付款。抽查付款凭证、银行对账单等，注意相关业务发生日期的合理性。

（2）分析其他应付款的账龄。对于长期挂账的其他应付款，审计人员须查明原因，加以记录。必要时，提请被审计单位进行调整。判断、选择一定金额以上和异常的明细

账余额，检查其原始凭证，并考虑向债权人函证。

（3）审核资产负债表日后的付款事项，确定有无未及时入账的其他应付款。

（4）检查长期未结的其他应付款，并进行妥善处理。

（5）检查其他应付款中关联方的余额是否正常。如数额较大或有其他异常现象，应查明原因，追查至原始凭证并适当披露。

（6）审查租入包装物的租金及存入保证金等的会计处理是否正确。

（7）检查其他应付款在财务报表中的列报是否恰当。

四、无形资产审计

1. 无形资产审计的目标

（1）确定资产负债表中记录的无形资产是否存在。

（2）确定被审计单位所有应当记录的无形资产是否均已记录。

（3）确定资产负债表中记录的无形资产是否由被审计单位拥有或控制。

（4）确定无形资产是否以恰当的金额反映在财务报表中，与之相关的计价调整或分摊调整是否已恰当记录。

（5）确定无形资产是否已按照企业会计准则的规定在财务报表中恰当列报。

2. 无形资产的实质性测试

（1）获取或编制无形资产明细表，复核加计是否正确，并与总账数和明细账合计数核对，检查是否相符。将“累计摊销”“无形资产减值准备”账户记录与报表数核对，检查是否相符。

（2）验证无形资产的存在性及其所有权归属。审计人员应通过审查核对无形资产明细账和被审计单位取得无形资产的原始凭证和文件，向有关部门进行函证并索取无形资产存在并归被审计单位所有的声明书等，以验证账面所记录的无形资产是否确实存在，以及其所有权是否属于被审计单位。同时，验证无形资产在资产负债表中列示的正确性。

（3）审查无形资产增减业务的正确性。无形资产的增加，来自外部购入和自行研究开发取得等；无形资产的减少，主要是由于发生转让。审计人员应通过审阅、核对和分析反映无形资产增减业务的有关会计资料，验证无形资产增减业务的真实性、计价的合理合法性、会计处理的一致性。

（4）结合长期借款、短期借款等项目的审计，了解是否存在用于债务担保的无形资产。如有则应取证并记录，并提请被审计单位恰当披露。

（5）检查无形资产是否已按照企业会计准则的规定在财务报表中恰当列报。

（6）审查无形资产摊销的正确性。企业应当在取得无形资产时分析判断其使用寿命。使用寿命有限的无形资产应自可供使用当月起开始摊销，处置当月不再摊销；使用寿命

不确定的无形资产不应摊销。

企业应当按月对无形资产进行摊销。企业自用的无形资产，其摊销金额计入管理费用；出租的无形资产，其摊销金额计入其他业务成本。

审计人员应注意审查无形资产摊销的方法是否适当，摊销期限是否合法合理，会计处理是否正确。审计人员可通过“累计摊销”账户审查无形资产摊销的正确性。

（7）审查无形资产减值准备的计提是否正确。无形资产在资产负债表日存在可能发生减值的迹象时，其可收回金额低于账面价值的，企业应将该无形资产的账面价值减记至可收回金额，减记的金额确认为减值损失，计入当期损益，同时计提相应的资产减值准备。无形资产减值损失一经确认，在以后会计期间不得转回。审计人员可通过“资产减值损失”“无形资产减值准备”账户审查无形资产减值准备的计提是否正确。

（8）审计人员应通过账表核对，验证表中“无形资产”项目是否反映企业各项无形资产的摊余价值，即是否按“无形资产”账户的期末余额，减去“累计摊销”账户中有关无形资产累计摊销的期末余额，再减去“无形资产减值准备”账户中有关无形资产减值准备的期末余额后的金额填列。

（9）确定无形资产账面价值、累计摊销、减值准备的披露是否恰当。

五、应付股利审计

1. 应付股利审计的目标

（1）确定资产负债表中记录的应付股利是否存在。

（2）确定所有应当记录的应付股利是否均已记录。

（3）确定记录的应付股利是否为被审计单位应当履行的现时义务。

（4）确定应付股利是否以恰当的金额反映在财务报表中，与之相关的计价调整是否已恰当记录。

（5）确定应付股利是否已按照企业会计准则的规定在财务报表中恰当列报。

2. 应付股利的实质性测试

（1）获取或编制应付股利明细表，复核加计是否正确，并与报表数、总账数和明细账合计数核对，检查是否相符。

（2）审阅公司章程和股东（大）会决议中有关股利的规定，了解股利分配标准和发放方式是否符合有关规定并按法定程序得到批准。若被审计单位董事会或类似机构通过利润分配方案，拟分配现金股利或利润，应注意是否恰当披露。

（3）检查应付股利的发生额是否根据股东（大）会决定的利润分配方案确定，是否从可供分配利润中计算确定，同时，复核应付股利计算和会计处理的正确性。

（4）检查股利支付相关原始凭证的内容、金额和会计处理是否正确。

（5）检查现金股利是否按公告规定的时间、金额进行发放结算，零星股东股利是否采用适当方法结算，对无法结算及委托发放而长期未结的股利是否进行适当处理。

（6）确定应付股利在财务报表中的列报是否恰当。

小结

本章主要讲述筹资与投资循环审计的基本要求与审查要点。通过学习，学生应理解筹资与投资循环的内部控制与控制测试，以及借款审计、所有者权益审计和其他相关项目审计的知识内容。

本章的重点是借款审计，难点是在不同背景资料下熟练运用相关审计方法对所涉及的所有者权益进行审计并提出相关审计意见。

思考与练习

一、简答题

1. 简述筹资与投资循环涉及的主要凭证和会计记录。

2. 简述借款的实质性测试。

3. 简述无形资产的实质性测试。

二、案例分析题

某会计师事务所对A公司2020年度财务报表进行审计时发现，该公司用现金购置了数量较多的长期投资有价证券，存放于当地某银行的保险箱，并规定只有公司总经理或财务主管可以开启保险箱。由于当年12月31日公司的总经理和财务主管不能共同去银行盘点有价证券，经约定，2021年1月11日由助理审计人员和财务主管一同至银行盘点。

1. 假定该审计人员以前未进行过有价证券盘点，则审计人员在盘点时应执行哪些审计程序？

2. 假定该审计人员盘点后得知，公司财务主管于2021年1月4日曾开启保险箱，并声称开启保险箱是为了查阅一份文件。鉴于财务主管的上述行为，审计人员应增加哪些审计程序？

第七章
货币资金审计

学习目标

知识目标

1. 理解货币资金与各业务循环的关系。
2. 理解货币资金的内部控制及控制测试。
3. 理解库存现金审计、银行存款审计及其他货币资金审计的方法。

能力目标

1. 能够进行货币资金的控制测试。
2. 能够进行库存现金的实质性测试。
3. 能够进行银行存款的实质性测试。

【本章导学】

货币资金作为企业资产中流动性最强的一种资产，是企业资产的重要组成部分。企业进行生产经营都必须持有一定数额的货币资金，因而货币资金在企业会计核算中占有重要位置。

在企业的日常经营中，货币资金是风险较高的项目。会计核算的绝大多数业务都与货币资金有关，很多会计舞弊事项都会在货币资金中表现出来。例如，通过不记账、虚假记账、伪造或变造银行对账单、配合营业收入造假、伪造销售回款等方式，虚增货币资金。

本章主要介绍货币资金内部控制的重点、控制测试的内容、实质性测试程序、会计核算中可能存在的舞弊形式以及对货币资金的审计调整。

思维导图

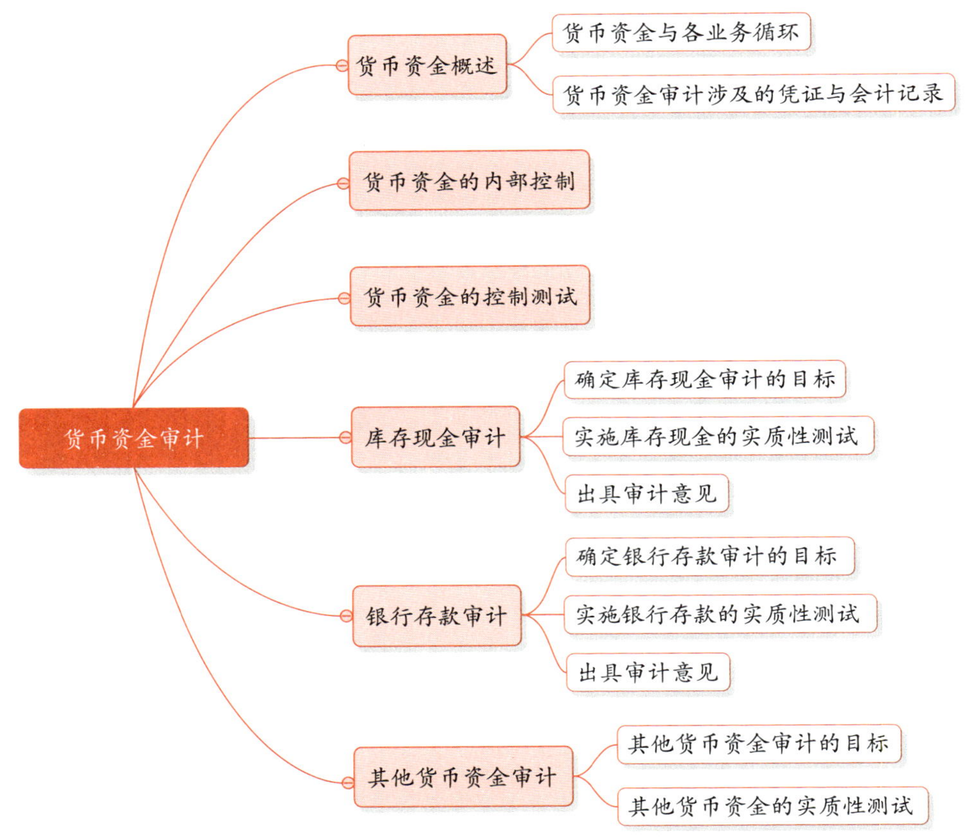

第一节　货币资金概述

一、货币资金与各业务循环

货币资金与各业务循环均存在直接关系，如图 7-1 所示。需要指出的是，图 7-1 仅选取各业务循环中具有代表性的会计科目，并未包括各业务循环中与货币资金有关的全部会计科目。

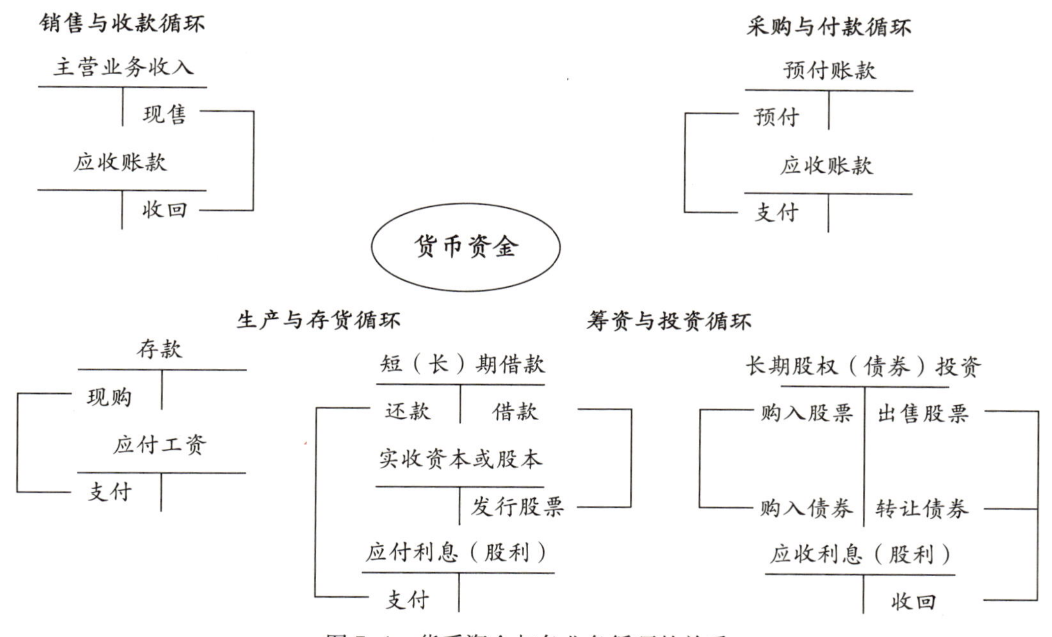

图 7-1　货币资金与各业务循环的关系

二、货币资金审计涉及的凭证与会计记录

货币资金审计涉及的凭证与会计记录主要有现金盘点表、银行对账单、银行存款余额调节表、有关会计账簿和记账凭证。

第二节　货币资金的内部控制与控制测试

货币资金是企业流动性最强的资产，企业必须加强对货币资金的管理，建立良好的货币资金内部控制制度，确保货币资金的安全、完整。

一、货币资金的内部控制

一般而言，良好的货币资金内部控制应该做到以下几点：

1. 货币资金的收支职务与记账职务分离。负责货币资金收支和保管的出纳人员，除了登记现金和银行存款日记账，不得兼做总账、明细账的登记工作。要实行钱账分管。

2. 货币资金的收入、支出要建立严格的授权审批制度。会计人员在收付资金前，应对会计凭证进行审查核实，以确认资金收支的正确性、合法性等，防止错误和舞弊现象的发生。

3. 货币资金收支应及时入账，不得坐支。

4. 按月盘点现金，编制银行存款余额调节表，做到账实相符。

5. 加强对货币资金收支业务的内部审计。

二、货币资金的控制测试

货币资金控制测试的内容如图 7-2 所示。

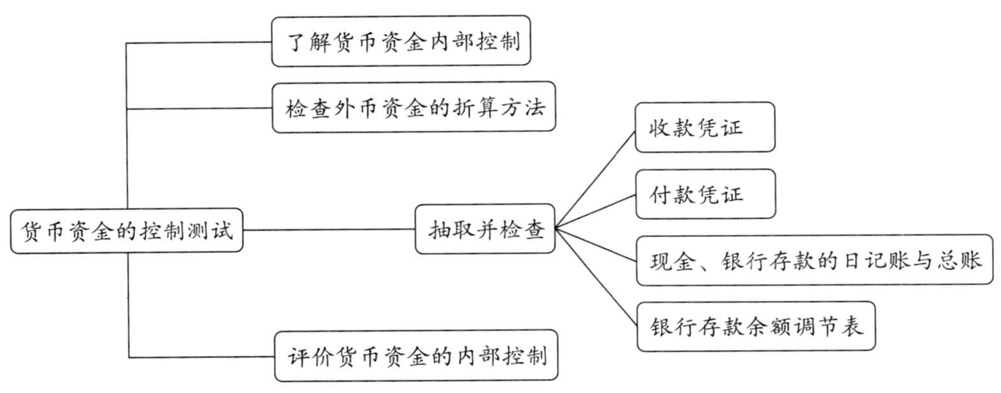

图 7-2　货币资金控制测试的内容

1. 了解货币资金内部控制

货币资金内部控制可以根据实际情况采用不同的方法实现。通常可以采用编制流程图的方法，中小企业也可采用编写货币资金内部控制说明的方法。若年度审计工作底稿中已有以前年度的流程图，可根据调查结果加以修正，以供本年度审计之用。了解货币资金内部控制时，应当注意检查货币资金内部控制是否建立制度并严格执行。

2. 抽取并检查收款凭证

为测试货币资金收款业务的内部控制，应选取适当样本量的货币资金收款凭证，进行如下检查：

（1）核对收款凭证上的日期与金额与资金存入银行账户的日期和金额是否相符。

（2）核对现金、银行存款日记账的收入金额是否正确。

（3）核对收款凭证与银行对账单是否相符。

（4）核对收款凭证与应收账款等相关明细账的有关记录是否相符。

（5）核对实收金额与销售发票等相关凭证上的记录是否一致。

3. 抽取并检查付款凭证

为测试货币资金付款业务的内部控制，应选取适当样本量的货币资金付款凭证，进行如下检查：

（1）检查付款的授权批准手续是否符合规定。

（2）核对现金、银行存款日记账的付出金额是否正确。

（3）核对付款凭证与银行对账单是否相符。

（4）核对付款凭证与应付账款等相关明细账的记录是否相符。

（5）核对实付金额与购货发票等相关凭证上的记录是否一致。

4. 抽取一定期间的现金、银行存款日记账，与总账核对

首先，应抽取一定期间的现金、银行存款日记账，检查其有无计算错误，如加计是否正确无误。如果检查中发现问题较多，说明被审计单位货币资金的会计记录不够可靠。然后，应根据日记账提供的线索，核对总账中“库存现金”“银行存款”“应收账款”“应付账款”等有关账户的记录。

5. 抽取一定期间的银行存款余额调节表，进行查验并复核

为证实银行存款记录的正确性，必须抽取一定期间的银行存款余额调节表，将其与银行对账单、银行存款日记账及总账进行核对，确定被审计单位是否按月正确编制并复核银行存款余额调节表。

6. 评价货币资金的内部控制

在完成上述工作之后，即可对货币资金的内部控制进行评价。评价时，应首先确定货币资金内部控制可信赖的程度以及存在的薄弱环节和缺点，然后据以确定在货币资金的实质性测试中哪些环节可以适当减少审计程序，哪些环节需要增加审计程序，做到重点检查，以减少审计风险。

知识链接

除上述货币资金的控制测试内容以外，对有外币经营业务的企业还需要检查外币资金的折算方法是否符合有关规定，是否与上年度一致。

对于有外币现金、外币银行存款的被审计单位，应检查其外币现金日记账、外币银行存款日记账的记录，以确定有关外币现金、外币银行存款的增减变动是否按业务发生时的市场汇率或业务发生当期期初的市场汇率折算为记账本位币金额，折算方法是否前后各期保持一致。另外，还要检查被审计单位的外币“库存现金”“银行存款”

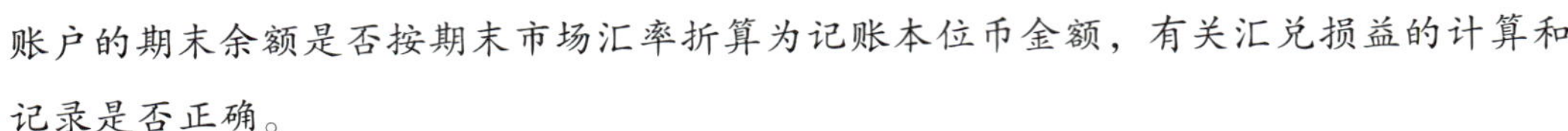
账户的期末余额是否按期末市场汇率折算为记账本位币金额，有关汇兑损益的计算和记录是否正确。

第三节 库存现金审计

库存现金审计的操作流程如图 7-3 所示。

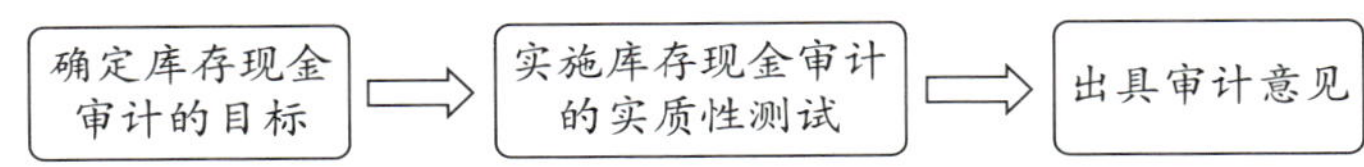

图 7-3 库存现金审计的操作流程

一、确定库存现金审计的目标

在企业使用现金收付时容易发生舞弊事件，因此应将库存现金审计列为审计的重点。库存现金审计的目标一般包括：

1. 确定被审计单位资产负债表中的现金在财务报表日是否真实存在，是否归被审计单位所拥有。

2. 确定被审计单位在特定期间发生的现金收支业务是否均已记录完毕，有无遗漏。

3. 确定现金余额是否正确。

4. 确定现金在财务报表中的披露是否恰当。

二、实施库存现金的实质性测试

库存现金实质性测试的内容如图 7-4 所示。

1. 核对现金日记账与总账的余额是否相符

测试现金余额的起点是核对现金日记账与总账的余额是否相符。如果不相符，应查明原因，并适当调整。

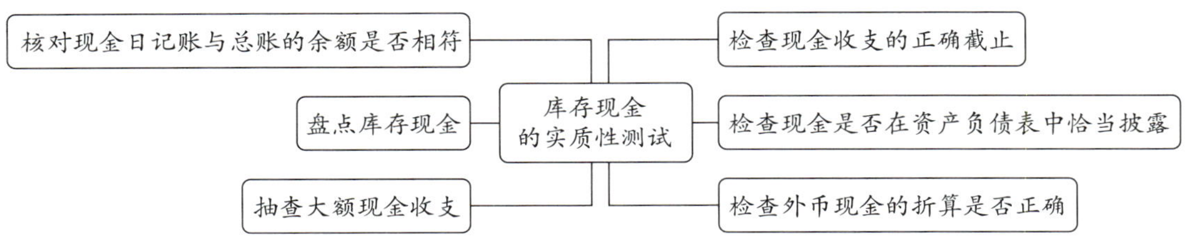

图 7-4 库存现金实质性测试的内容

【例 7-1】2022 年 1 月 22 日上午 8 时，某会计师事务所审计人员对 A 公司库存现金进行审计，发现 A 公司 2022 年 1 月 21 日现金日记账余额为 1 372. 88 元，而库存现金实有数为 898. 18 元。同时，在保险柜中发现下列 5 张单据（款已收、已付但未入账）：

职工王强于 2021 年 12 月 5 日预借差旅费 500 元的借款单，已经总经理、财务主管签字同意。

职工杨海于 2021 年 12 月 11 日借款 200 元，借款单未经总经理、财务主管签字同意，也没有说明用途。

已收款但未记账的凭证 3 张，金额合计 225. 30 元。

审计人员计算库存现金账面余额如下：

库存现金账面余额 = 1 372. 88+225. 3-500 = 1 098. 18（元）

库存现金实有数与账面余额不相符，说明该公司库存现金发生短缺。

2. 盘点库存现金

盘点库存现金是证实资产负债表所列现金是否存在的一项重要程序。盘点库存现金通常包括对已收到但未存入银行的现金、零用金等的盘点。盘点库存现金的时间和人员应视被审计单位的具体情况而定，但必须有出纳和被审计单位的财务主管人员参加，并由审计人员进行盘点。盘点时间最好选择在上午上班前或下午下班后进行，盘点的范围一般包括企业各部门存放的现金。

【例 7-2】接上例，审计人员对 A 公司库存现金进行盘点后发现，银行核定该公司库存现金限额为 900 元。审计人员又核对了该公司 2022 年 1 月 1 日至 1 月 21 日的现金日记账和收付款凭证，发现此期间现金收入数为 1 860. 00 元，现金支出数为 1 980. 00 元。同时，该公司 2021 年资产负债表中“货币资金”项目数值为 1 202. 58 元。

2021 年 12 月 31 日库存现金应有数 = 1 098. 18+1 860-1 980 = 978. 18（元）

库存现金应有数与 2021 年资产负债表中“货币资金”项目数值 1 202. 58 不相符，说明库存现金数 1 202. 58 是不正确的，应调整为 978. 18。

3. 抽查大额现金收支

首先，抽查大额现金收支的原始凭证内容是否完整，有无授权批准；然后，核对相关账户的进账情况。如有与被审计单位生产经营业务无关的收支事项，应查明原因，并进行记录。

4. 检查库存现金收支的正确截止

被审计单位资产负债表上的货币资金数额，应以结账日实有数额为准，因此必须验证现金收支的截止日期。通常可以对结账日前后一段时期内现金收支凭证进行审计，以确定是否存在跨期事项。

5. 检查库存现金是否在资产负债表中恰当披露

根据有关会计制度的规定，库存现金在资产负债表的“货币资金”项目下反映。在实施上述审计后，应确定“库存现金”账户的期末余额是否恰当，并据以确定库存现金是否在资产负债表中恰当披露。

知识链接

除上述库存现金的实质性测试内容以外，对有外币经营业务的企业还需检查外币现金的折算是否正确。

对于有外币现金的被审计单位，应检查被审计单位对外币现金的收支是否按所规定的汇率折算为记账本位币金额，外币现金期末余额是否按期末市场汇率折算为记账本位币金额，有关汇兑损益的计算和记录是否正确。

三、出具审计意见

根据相关审计结果，向被审计单位出具对审计事项作出的结论性评价。

【例 7-3】根据上述数例的审计结果，会计师事务所提出以下审计意见：该公司库存现金收支、留存管理存在不合法现象。

1. 存在白条抵库现象，金额为 200 元，违反现金管理制度。

2. 超现金限额留存现金（2021 年 12 月 31 日超限额 78.18 元），违反现金限额的有关规定。

根据审计结果编制库存现金盘点表（见表 7-1）。

表 7-1　库存现金盘点表

单位名称：			盘点日期	2022. 1. 22	
检查盘点记录			实有现金盘点记录		
项目	行次	金额（元）	面额（元）	张数	金额（元）
账面库存金额	1	1 098. 18	100. 00	5	500. 00
			50. 00	10	500. 00
			20. 00	0	
			10. 00	1	10. 00
			5. 00	10	50. 00
			1. 00	38	38. 00
			0. 50	0	
			0. 10	1	0. 10
			0. 01	8	0. 08
盘点日未记账收入金额	2	1 860. 00			
盘点日未记账支出金额	3	1 980. 00			
盘点日应有余额	4=1+2-3	978. 18			
盘点日实有余额	5	898. 18			
盘点日应有与实有差额	6=4-5	80. 00			
差异原因：白条抵库		200. 00			
追溯调整：报表日至盘点日现金支出总额					
报表日至盘点日现金收入总额					
报表日库存现金应有余额					
报表日账面汇率					
报表日余额折合本位币金额					
本位币合计		小计		73	1 098. 18

盘点人：　　　　　　　　　　　　财务主管：

第四节 银行存款审计

银行存款是企业存放在银行或其他金融机构的各种货币资金。按照国家有关规定，凡是独立核算的企业都应在银行开设账户。企业在银行开设账户后，除按核定的限额保留库存现金外，超过限额的现金都应存入银行。除规定可以用现金支付的款项外，在经营过程中发生的一切货币收支业务都应通过银行进行结算。

银行存款审计的操作流程如图 7-5 所示。

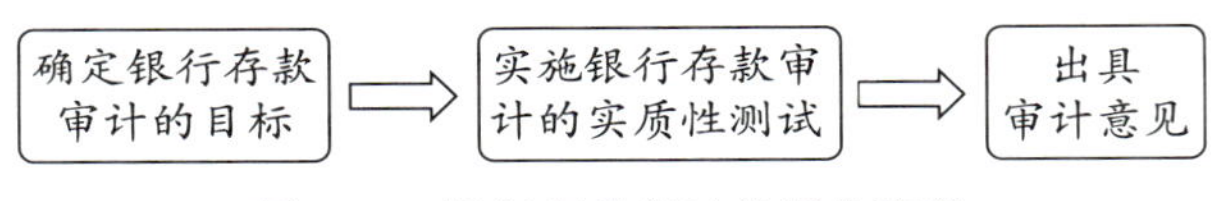

图 7-5　银行存款审计的操作流程

一、确定银行存款审计的目标

1. 确定被审计单位资产负债表中的银行存款在财务报表日是否真实存在，是否归被审计单位所有。

2. 确定被审计单位在特定期间发生的银行存款收支业务是否均已记录完毕，有无遗漏。

3. 确定银行存款的余额是否正确。

4. 确定银行存款在财务报表中的披露是否恰当。

二、实施银行存款的实质性测试

银行存款实质性测试的内容如图 7-6 所示。

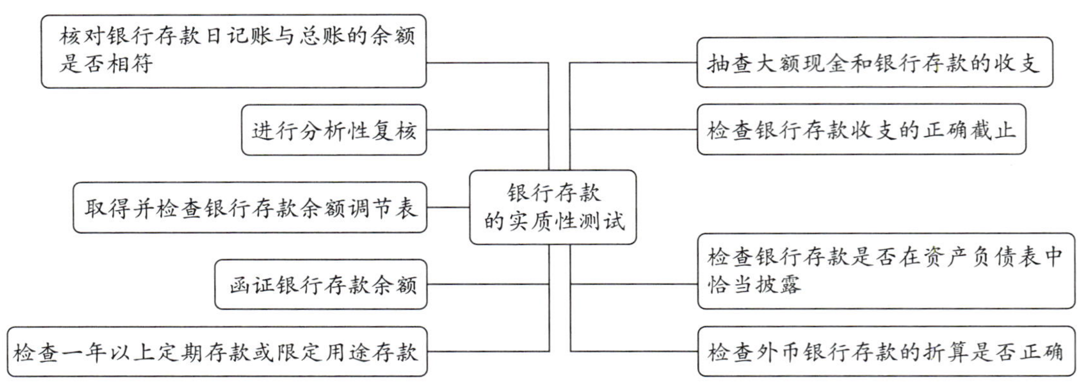

图 7-6　银行存款实质性测试的内容

1. 核对银行存款日记账与总账的余额是否相符

在审计银行存款余额时，应首先核对银行存款日记账与总账的余额是否相符。如果

不相符，应查明原因，并适当调整。

【例 7-4】2022 年 1 月 22 日，某会计师事务所接受 A 公司委托，对该公司 2021 年财务报表进行审计。在审查资产负债表“货币资金”项目时，发现该公司 2021 年 12 月 31 日的银行存款数额为 92 000 元，而银行存款账面余额为 90 100 元。审计人员从 A 公司开户银行取得对账单一张，发现 A 公司 2021 年 12 月 31 日的银行存款余额为 98 000 元。

审计人员核查发现，2021 年 12 月 30 日 A 公司收到一张金额为 3 500 元的银行收款通知书，A 公司入账时将银行存款增加数错记为 3 050 元，存在记账差错事项。审计人员遂建议作出调整。

2. 进行分析性复核

计算定期存款占银行存款的比例，以确定企业是否存在高息资金拆借。如存在高息资金拆借，应进一步分析拆出资金的安全性，检查高额利差的入账情况。计算存放于非银行金融机构的存款占银行存款的比例，分析这些资金的安全性。

3. 取得并检查银行存款余额调节表

检查银行存款余额调节表是证实资产负债表所列银行存款是否存在的重要程序。银行存款余额调节表通常应由被审计单位根据不同的银行账户及货币种类分别编制。若调节后的银行存款余额仍存在差异，应查明原因，进行记录或适当的调整。

【例 7-5】接上例，审计人员经过核查，发现有下列未达账项：

1. 12 月 20 日，A 公司交存银行一张 5 500 元的转账支票，银行尚未入账。

2. 12 月 22 日，A 公司开具一张 5 300 元的转账支票，持票人尚未到银行办理转账手续。

3. 12 月 23 日，A 公司委托银行收款 12 000 元。银行已收款，但收款通知书尚未送达 A 公司。

4. 12 月 27 日，银行为 A 公司代付水电费 4 350 元，但银行付款通知书尚未送达 A 公司。

根据上述审计结果，编制银行存款余额调节表（见表 7-2）。

表 7-2　银行存款余额调节表

单位名称：A 公司　　　　2021 年 12 月 31 日　　　　单位：元

项目	金额	项目	金额
银行存款账面余额	90 100	银行对账单余额	98 000
加：银行已收、公司未收款项	12 000	加：公司已收、银行未收款项	5 500
减：银行已付、公司未付款项	4 350	减：公司已付、银行未付款项	5 300
加：公司记账差错	450		
调节后的存款余额	98 200	调节后的存款余额	98 200

审计主管：　　　　审计员：　　　　财务主管：　　　　会计：

4. 函证银行存款余额

根据相关规定，银行业金融机构应当自收到符合规定的询证函之日起 10 个工作日内，按照要求将回函直接回复会计师事务所或交付跟函注册会计师。如银行业金融机构因询证函不符合规定拒绝回函，应当在收到询证函 3 个工作日内通知会计师事务所，以保证回函效率。

函证银行存款余额是证实资产负债表所列银行存款是否存在的重要程序。通过向往来银行函证，不仅可以了解被审计单位资产的存在情况，同时还可了解被审计单位欠银行的债务。函证还可用于发现被审计单位未登记的银行借款。

函证时应向被审计单位在本年存过款（含外埠存款、银行汇票存款、银行本票存款、信用证存款）的所有银行发函，其中包括被审计单位存款账户已结清的银行，因为有可能存款账户已结清，但仍有银行借款或其他负债存在。同时，虽然审计人员已直接从某一银行取得了银行对账单和所有已付支票，但仍应向这一银行进行函证。银行询证函参考样式如下。

银行询证函

××银行：

本公司聘请的××会计师事务所正在对本公司的财务报表进行审计，按照中国注册会计师执业准则的要求，应当询证本公司与贵行的存款、借款往来等事项。下列第 1～14 项及附表（如适用）信息出自本公司记录。

如与贵行记录相符，请在本函“结论”部分处签名、盖章证明。

如有不符，请在本函“结论”部分处列明不符项目及具体内容并签名、盖章。

本公司谨授权贵行将回函直接寄至××会计师事务所，地址及联系方式如下：

回函地址：

联系人：　　　　　　　电话：　　　　　　　传真：

邮编：　　　　　　　　电子邮箱：

本公司谨授权贵行可从本公司基本账户支取办理本询证函回函服务的费用。

截至　　年　　月　　日（即函证基准日），本公司与贵行相关的信息列示如下：

1. 银行存款

账户名称	银行账号	币种	利率	账户类型	账户余额	是否属于资金归集账户	起始日期	终止日期	是否存在冻结、担保或其他使用限制	备注

除上述列示的银行存款（包括余额为零的存款账户）外，本公司并无在贵行的其他存款。

2. 银行借款

借款人名称	借款账号	币种	余额	借款日期	到期日期	利率	抵（质）押品/担保人	备注

除上述列示的银行借款外，本公司并无自贵行的其他借款。

3. 自20____年__月__日起至20____年__月__日期间注销的银行存款账户

账户名称	银行账号	币种	注销账户日

除上述列示的注销账户外，本公司在此期间并未在贵行注销其他账户。

4. 本公司作为委托人的委托贷款

账户名称	银行结算账号	资金借入方	币种	利率	余额	贷款起止日期	备注

除上述列示的委托贷款外，本公司并无通过贵行办理的其他以本公司作为委托人的委托贷款。

5. 本公司作为借款人的委托贷款

账户名称	银行结算账号	资金借出方	币种	利率	余额	贷款起止日期	备注

除上述列示的委托贷款外，本公司并无通过贵行办理的其他以本公司作为借款人的委托贷款。

6. 担保

(1) 本公司为其他单位提供的、以贵行为担保受益人的担保

被担保人	担保方式	币种	担保余额	担保到期日	担保合同编号	备注

除上述列示的担保外，本公司并无其他以贵行为担保受益人的担保。

(2) 贵行向本公司提供的担保等

被担保人	担保方式	币种	担保余额	担保到期日	担保合同编号	备注

7. 本公司为出票人且由贵行承兑而尚未支付的银行承兑汇票

银行承兑汇票号码	银行结算账号	币种	票面金额	出票日	到期日	抵（质）押品

除上述列示的银行承兑汇票外，本公司并无由贵行承兑而尚未支付的其他银行承兑汇票。

8. 本公司已向贵行贴现而尚未到期的商业汇票

商业汇票号码	承兑人名称	币种	票面金额	出票日	到期日	贴现日	贴现率	贴现净额

除上述列示的商业汇票外，本公司并无已向贵行贴现而尚未到期的其他商业汇票。

9. 本公司为持票人且由贵行托收的商业汇票

商业汇票号码	承兑人名称	币种	票面金额	出票日	到期日

除上述列示的商业汇票外，本公司并无其他由贵行托收的商业汇票。

10. 本公司为申请人，由贵行开具的、未履行完毕的不可撤销信用证

信用证号码	受益人	币种	信用证金额	到期日	未使用金额

除上述列示的不可撤销信用证外，本公司并无由贵行开具的、未履行完毕的不可撤销信用证。

11. 本公司与贵行之间未履行完毕的外汇买卖合约

类别	合约号码	贵行卖出币种	贵行买入币种	未履行的合约买卖金额	汇率	交收日期

除上述列示的外汇买卖合约外，本公司并无与贵行之间未履行完毕的其他外汇买卖合约。

12. 本公司存放于贵行托管的证券或其他产权文件

证券或其他产权文件名称	证券代码或产权文件编号	数量	币种	金额

除上述列示的证券或其他产权文件外，本公司并无存放于贵行托管的其他证券或其他产权文件。

13. 本公司购买的由贵行发行的未到期银行理财产品

产品名称	产品类型（封闭式或开放式）	币种	持有份额	产品净值	购买日	到期日	是否被用于担保或存在其他使用限制

除上述列示的银行理财产品外，本公司并未购买其他由贵行发行的理财产品。

14. 其他

附表：资金归集（资金池或其他资金管理）账户具体信息

序号	资金提供机构名称（即拨入资金的具体机构）	资金提供机构账号	资金使用机构名称（即向该具体机构拨入资金）	资金使用机构账号	币种	截至函证基准日拨入或拨出资金余额（拨出填列正数、拨入填列负数）	备注
1							
2							
3							

（预留签名、盖章）

年　　月　　日

经办人：

电　话：

—— —— 以下由函证银行填列 —— ——

结论：

经本行核对，所函证项目与本行记载信息相符，特此函复。 年　月　日　经办人：　职务：　电话： 复核人：　职务：　电话： （银行盖章）
经本行核对，存在以下不符之处。 年　月　日　经办人：　职务：　电话： 复核人：　职务：　电话： （银行盖章）

5. 检查一年以上定期存款或限定用途存款

一年以上的定期存款或限定用途的银行存款，不属于企业的流动资产，应列于其他资产类下。对此应查明情况，进行相应记录。

6. 抽查银行存款的收支

审计银行存款时，应抽查银行存款（含外埠存款、银行汇票存款、银行本票存款、信用证存款）收支的原始凭证内容是否完整，有无授权批准，并核对相关账户的进账情况。如有与被审计单位生产经营业务无关的收支事项，应查明原因，并进行相应记录。

7. 检查银行存款收支的正确截止

企业资产负债表中包含的银行存款应当包括当年最后一天收到的所有存放于银行的款项，而不得包括其后收到的款项。同样，企业年终前开出的支票，不得在年后入账。

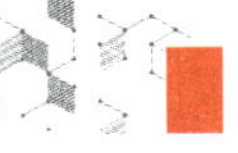

8. 检查银行存款是否在资产负债表中恰当披露

根据有关规定，企业的银行存款在资产负债表的货币资金项目下反映。因此，实施上述审计后，应确定“银行存款”账户的期末余额是否恰当，从而确定银行存款是否在资产负债表中恰当披露。

知识链接

除上述银行存款的实质性测试内容以外，对有外币经营业务的企业还需检查外币银行存款的折算是否正确。

对于有外币银行存款的被审计单位，应检查被审计单位对外币银行存款的收支是否按所规定的汇率折算为记账本位币金额，外币银行存款期末余额是否按期末市场汇率折算为记账本位币金额，有关汇兑损益的计算和记录是否正确。

三、出具审计意见

根据相关审计结果，向被审计单位出具对审计事项给出的结论性评价。

第五节 其他货币资金审计

其他货币资金包括企业到外地进行临时或零星采购而汇往采购地银行采购专户的款项所形成的外埠存款、企业为取得银行汇票而按照规定存入银行的款项所形成的银行汇票存款、企业为取得银行本票而按照规定存入银行的款项所形成的银行本票存款、在途货币资金和信用证存款等。

一、其他货币资金审计的目标

1. 确定被审计单位资产负债表中的其他货币资金在财务报表日是否真实存在，是否归被审计单位所有。

2. 确定被审计单位在特定期间发生的其他货币资金收支业务是否均已记录完毕，有无遗漏。

3. 确定其他货币资金的余额是否正确。

4. 确定其他货币资金在财务报表中的披露是否恰当。

二、其他货币资金的实质性测试

1. 核对外埠存款、银行汇票存款、银行本票存款、在途货币资金等各明细账期末合

计数与总账数是否相符。

2. 函证外埠存款账户、银行汇票存款账户、银行本票存款账户期末余额（相关函证内容见表 7-2）。

3. 对于非记账本位币的其他货币资金，检查其折算汇率是否正确。

4. 抽查一定样本量的原始凭证进行测试，检查其内容是否完整，有无适当的审批授权，并核对相关账户的进账情况。

5. 抽取资产负债表日后的大额收支凭证进行截止测试。如有跨期收支事项，应适当调整。

6. 检查其他货币资金在财务报表中的披露是否恰当。

小结

本章介绍了货币资金审计的基本要求与审查要点。通过学习，学生应理解货币资金审计所包括的库存现金审计、银行存款审计及其他货币资金审计的相关知识内容。

本章的重点是库存现金审计及银行存款审计，难点是在不同背景资料下熟练运用相关审计方法对所涉及的各项货币资金进行审计并提出相关审计意见。

思考与练习

一、简答题

1. 货币资金控制测试包括哪些内容？

2. 银行存款审计的目标有哪些？

3. 银行存款实质性测试包括哪些内容？

二、案例分析题

审计人员甲和乙对某公司进行审计时发现，该公司 2021 年 12 月 31 日银行存款日记账余额为 52 000 元，银行存款对账单余额为 56 600 元。经查有下列未达账项和记账差错：

12 月 27 日，公司收到一张外单位转账支票，金额为 8 000 元。公司已入账，银行尚未入账。

12 月 29 日，委托银行收款 12 000 元，银行已入账，收款通知书尚未送达公司。

12 月 31 日，公司开具一张 3 500 元的现金支票，银行尚未入账。

12 月 31 日，银行代付电费 3 800 元，银行已入账，公司尚未收到付款通知书。

12 月 31 日，收到银行收款通知书，金额为 3 300 元，公司入账时误记为 3 000 元。

请根据上述资料编制银行存款余额调节表（见表 7-3）。

表 7-3　银行存款余额调节表

单位名称：　　　　2021 年 12 月 31 日　　　　单位：元

项目	金额	项目	金额
银行存款账面余额		银行对账单余额	
加：银行已收、公司未收款项		加：公司已收、银行未收款项	
减：银行已付、公司未付款项		减：公司已付、银行未付款项	
加：公司记账差错			
调节后的存款余额		调节后的存款余额	

审计主管：　　　审计员：　　　财务主管：　　　会计：

第八章

审计报告与管理建议书的编制

学习目标

知识目标

1. 理解审计报告的意义、作用及内容。
2. 理解审计报告的类型。
3. 理解审计报告的编制步骤及要求。
4. 理解管理建议书的结构、内容及编制要求。

能力目标

1. 能够编制不同类型的审计报告。
2. 能够编制管理建议书。

【本章导学】

编制审计报告是审计人员完成约定事项审计工作的重要步骤之一，它是一项总结性的工作，在审计工作当中有着重要意义。

本章主要介绍审计报告的内容、类型、编制步骤，以及管理建议书的内容及编制要求。

思维导图

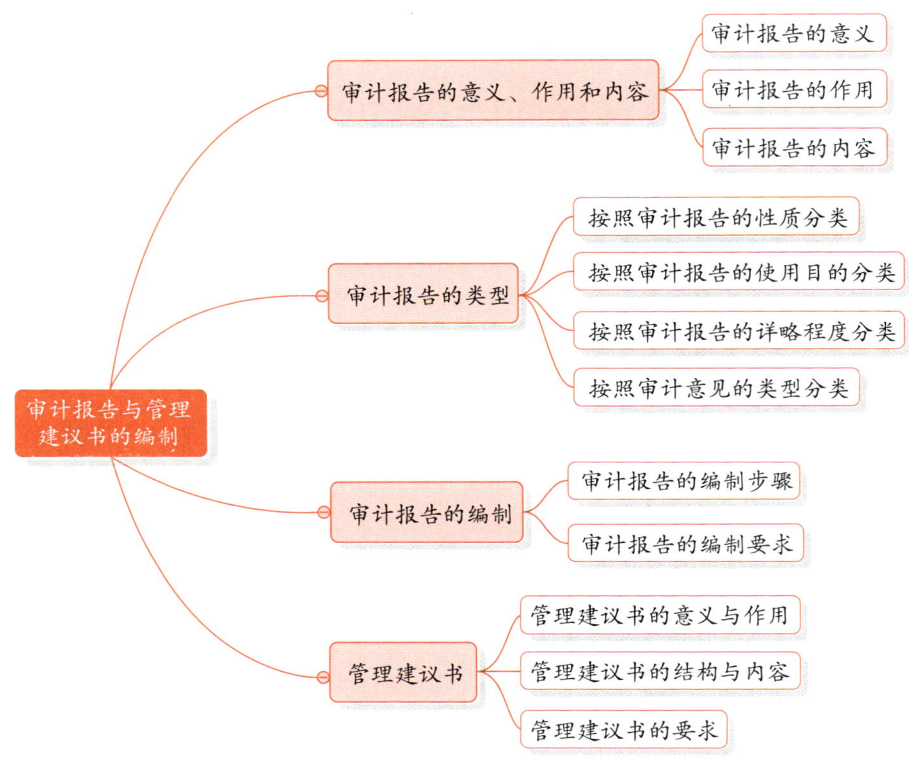

第一节　审计报告的意义、作用和内容

审计报告是审计人员根据审计准则的要求，在执行了必要的审计程序后出具的，关于对被审计单位约定事项所发表审计意见的书面文件。审计报告是审计工作的最终成果，具有法定证明效力。

一、审计报告的意义

在审计人员对被审计单位就约定事项完成的审计任务中，审计报告的编制是一项重要的组成部分，其意义表现在以下几个方面：

1. 审计报告客观反映被审计单位的财务状况和经营成果，用于监督被审计单位的财政、财务收支和会计资料是否真实、可靠。

2. 审计报告可以为被审计单位提供准确的审计信息，督促被审计单位加强经济核算，改善经营管理，提高经济效益。

3. 审计报告为被审计单位的投资决策提供重要依据。

知识链接

近年来，我国各级审计机关积极稳妥地进行了公开审计结果的探索与尝试，依据法律规定，先后将受政府委托向各级人大提交的审计工作报告、一些专项审计项目及审计结果向社会公布，引起了广泛关注。

二、审计报告的作用

审计报告主要具有鉴证、保护和证明三方面的作用。

1. 鉴证作用

注册会计师签发的审计报告不同于政府审计和内部审计的审计报告，是以独立的身份，对被审计单位财务报表的合法性、公允性及会计处理方法的一贯性发表的意见。这种意见具有鉴证作用，并得到政府部门和社会各界的普遍认可。

2. 保护作用

审计人员通过审计，可以向被审计单位出具含有不同类型审计意见的审计报告，以提高或降低财务报表使用者对财务报表的信赖程度，能够在一定程度上对被审计单位的财产、债权人和股东的权益以及企业利害关系人的利益起到保护作用。

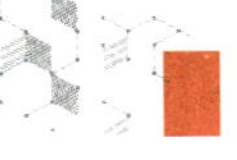

3. 证明作用

审计报告是对审计人员审计任务完成情况及其结果所作的总结，表明审计工作的质量并明确审计人员的审计责任。审计报告可以对审计工作质量和审计人员的审计责任起证明作用。

三、审计报告的内容

1. 标题

审计报告应当具有标题，标题统一规范为“审计报告”。

2. 收件人

审计报告应当按照审计业务约定的要求载明收件人。

3. 审计意见

审计报告的第一部分应当包含审计意见，并以“审计意见”作为标题。审计意见部分应包括以下内容：

（1）指出被审计单位的名称。

（2）说明财务报表已经审计。

（3）指出构成整套财务报表的每一财务报表的名称。

（4）提及财务报表附注，包括重要会计政策和会计估计。

（5）指明构成整套财务报表的每一财务报表的日期或涵盖的期间。

如果对财务报表发表无保留意见，除非法律法规另有规定，审计意见应当使用“我们认为，后附的财务报表在所有重大方面按照［适用的财务报告编制基础（如企业会计准则等）］的规定编制，公允反映了［……］”的措辞。

知识链接

如果适用的财务报告编制基础是国际财务报告准则、国际公共部门会计准则或者其他国家或地区的财务报告准则，注册会计师应当在审计意见部分指明适用的财务报告编制基础。

4. 形成审计意见的基础

该部分应当紧接在审计意见部分之后，并包括下列方面：

（1）说明注册会计师按照审计准则的规定执行了审计工作。

（2）提及审计报告中用于描述审计准则规定的注册会计师责任的部分。

（3）声明注册会计师按照与审计相关的职业道德要求独立于被审计单位，并履行了

职业道德方面的其他责任。声明中应当指明适用的职业道德要求，如中国注册会计师职业道德守则。

（4）说明注册会计师是否相信获取的审计证据是充分、适当的，为发表审计意见提供了基础。

5. 管理层（治理层）对财务报表的责任

管理层（治理层）对财务报表的责任部分应当说明管理层（治理层）负有以下责任：

（1）按照适用的财务报告编制基础的规定编制财务报表，使其实现公允反映，并设计、执行和维护必要的内部控制，以使财务报表不存在由于舞弊或错误导致的重大错报。

（2）评估被审计单位的持续经营能力和使用持续经营假设是否适当，并披露与持续经营相关的事项（如适用）。对管理层（治理层）评估责任的说明应当包括描述在何种情况下使用持续经营假设是适当的。

6. 注册会计师对财务报表审计的责任

这部分应当包括以下内容：

（1）说明注册会计师的目标是对财务报表整体是否不存在由于舞弊或错误导致的重大错报获取合理保证，并出具包含审计意见的审计报告。

（2）说明合理保证是高水平的保证，但并不能保证按照审计准则执行的审计在某一重大错报存在时总能发现。

（3）说明错报可能由于舞弊或错误导致。

（4）说明在按照审计准则执行审计工作的过程中，注册会计师运用职业判断，并保持职业怀疑。

（5）通过说明注册会计师的责任对审计工作进行描述。这些责任包括：

1）识别和评估由于舞弊或错误导致的财务报表重大错报风险，设计和实施审计程序以应对这些风险，并获取充分、适当的审计证据，作为发表审计意见的基础。由于舞弊可能涉及串通、伪造、故意遗漏、虚假陈述或凌驾于内部控制之上，未能发现由于舞弊导致的重大错报的风险高于未能发现由于错误导致的重大错报的风险。

2）了解与审计相关的内部控制，以设计恰当的审计程序，但目的并非对内部控制的有效性发表意见。当注册会计师有责任在财务报表审计的同时对内部控制的有效性发表意见时，应当略去上述“目的并非对内部控制的有效性发表意见”的表述。

3）评价管理层选用会计政策的恰当性和作出会计估计及相关披露的合理性。

4）对管理层使用持续经营假设的恰当性得出结论。同时，根据获取的审计证据，就可能导致对被审计单位持续经营能力产生重大疑虑的事项或情况是否存在重大不确定性

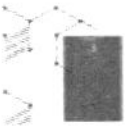

得出结论。如果注册会计师得出结论认为存在重大不确定性，审计准则要求注册会计师在审计报告中提请报表使用者关注财务报表中的相关披露。如果披露不充分，注册会计师应当发表非无保留意见。注册会计师的结论基于截至审计报告日可获得的信息。然而，未来的事项或情况可能导致被审计单位不能持续经营。

5）评价财务报表的总体列报（包括披露）、结构和内容，并评价财务报表是否公允反映相关交易和事项。

（6）说明注册会计师与治理层就计划的审计范围、时间安排和重大审计发现等事项进行沟通，包括沟通注册会计师在审计中识别的值得关注的内部控制缺陷。

（7）对于上市实体财务报表审计，指出注册会计师就已遵守与独立性相关的职业道德要求向治理层提供声明，并与治理层沟通可能被合理认为影响注册会计师独立性的所有关系和其他事项，以及相关的防范措施（如适用）。

（8）对于上市实体财务报表审计，以及决定按照《中国注册会计师审计准则第1504号——在审计报告中沟通关键审计事项》的规定沟通关键审计事项的其他情况，说明注册会计师从与治理层沟通过的事项中确定哪些事项对本期财务报表审计最为重要，因而构成关键审计事项。注册会计师应当在审计报告中描述这些事项，除非法律法规禁止公开披露这些事项，或在极少数情形下，注册会计师合理预期在审计报告中沟通某事项造成的负面后果超过在公众利益方面产生的益处，因而确定不应在审计报告中沟通该事项。

7. 按照相关法律法规的要求报告的事项（如适用）

除审计准则规定的注册会计师责任外，如果注册会计师在对财务报表出具的审计报告中履行其他报告责任，应当在审计报告中将其单独作为一部分，并以“按照相关法律法规的要求报告的事项”为标题，或使用适合于该部分内容的其他标题，除非其他报告责任涉及的事项与审计准则规定的报告责任涉及的事项相同。如果涉及相同的事项，其他报告责任可以在审计准则规定的同一报告要素部分列示。

如果将其他报告责任在审计准则要求的同一报告要素部分列示，审计报告应当清楚区分其他报告责任和审计准则要求的报告责任。

8. 注册会计师的签名和盖章

审计报告应当由项目合伙人和另一名负责该项目的注册会计师签名和盖章。

9. 会计师事务所的名称、地址及盖章

审计报告应当载明会计师事务所的名称和地址，并加盖会计师事务所公章。

10. 报告日期

审计报告应当注明报告日期。审计报告日不应早于注册会计师获取充分、适当的审

计证据，并在此基础上对财务报表形成审计意见的日期。

在确定审计报告日时，注册会计师应当确信已获取下列两方面的审计证据：

（1）构成整套财务报表的所有报表（含披露）已编制完成。

（2）被审计单位的董事会、管理层或类似机构已经认可其对财务报表负责。

在适用的情况下，注册会计师还应当按照相关规定，在审计报告中对与持续经营相关的重大不确定性、关键审计事项、被审计单位年度报告中包含的除财务报表和审计报告之外的其他信息进行报告。

第二节　审计报告的类型

审计报告可按不同标准进行分类，如图 8-1 所示。

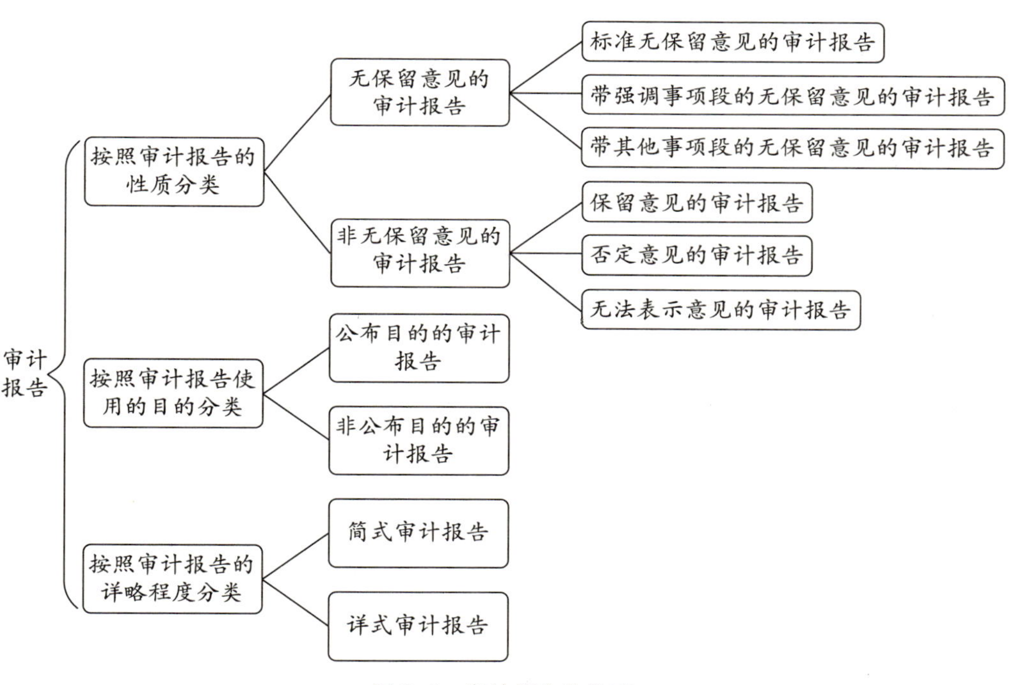

图 8-1　审计报告的类型

一、按照审计报告的性质分类

1. 无保留意见的审计报告

无保留意见的审计报告包括标准无保留意见的审计报告、带强调事项段的无保留意见的审计报告和带其他事项段的无保留意见的审计报告。

无保留意见是指当注册会计师认为财务报表在所有重大方面按照适用的财务报告编制基础的规定编制并实现公允反映时发表的审计意见。

（1）标准无保留意见的审计报告

标准无保留意见审计报告是指不带强调事项段或其他事项段的无保留意见的审计报告。

【例 8-1】以下为一份标准无保留意见的审计报告。

审计报告

A 股份有限公司全体股东：

一、审计意见

我们审计了 A 公司财务报表，包括 2021 年 12 月 31 日的资产负债表，2021 年度的利润表、现金流量表、股东权益变动表，以及财务报表附注（包括重要会计政策和会计估计）。

我们认为，后附的财务报表在所有重大方面按照企业会计准则的规定编制，公允反映了 A 公司 2021 年 12 月 31 日的财务状况以及 2021 年度的经营成果和现金流量。

二、形成审计意见的基础

我们按照中国注册会计师审计准则的规定执行了审计工作。审计报告的“注册会计师对财务报表审计的责任”部分进一步阐述了我们在这些准则下的责任。按照中国注册会计师职业道德守则，我们独立于 A 公司，并履行了职业道德方面的其他责任。我们相信，我们获取的审计证据是充分的、适当的，为发表审计意见提供了基础。

三、关键审计事项

关键审计事项是我们根据职业判断，认为对本期财务报表审计最为重要的事项。这些事项的应对以对财务报表整体进行审计并形成审计意见为背景，我们不对这些事项单独发表意见。

我们在审计中识别出的关键审计事项汇总如下：

A 公司与其控股子公司之间存在巨额的关联交易。2021 年度 A 公司向控股股东及其子公司出售商品发生的关联交易金额为 150.66 亿元，占其总收入的 55.8%。有些关联交易难以找到市场可比价格。

四、其他信息

董事会对其他信息负责，其他信息包括 A 公司 2022 年度规划报告中涵盖的信息，但不包括财务报表和我们的审计报告。

我们对财务报表的审计意见并不涵盖其他信息，我们也不对其他信息发表任何形式的鉴证结论。

结合我们对财务报表的审计，我们的责任是阅读其他信息，在此过程中，考虑其他信息是否与财务报表或我们在审计过程中了解的情况存在重大不一致或者似乎存在重大错报。

基于我们已经执行的工作，如果我们确定其他信息存在重大错报，我们应当报告该事实。在这方面，我们无任何事项需要报告。

五、管理层和治理层对财务报表的责任

管理层负责按照企业会计准则的规定编制财务报表，使其实现公允反映，并设计、执行和维护必要的内部控制，以使财务报表不存在由于舞弊或错误导致的重大错报。

在编制财务报表时，管理层负责评估A公司的持续经营能力，披露与持续经营相关的事项（如适用），并运用持续经营假设，除非计划进行清算、终止运营或别无其他现实的选择。

治理层负责监督A公司的财务报告过程。

六、注册会计师对财务报表审计的责任

我们的目标是对财务报表整体是否不存在由于舞弊或错误导致的重大错报获取合理保证，并出具包含审计意见的审计报告。合理保证是高水平的保证，但按照审计准则执行的审计并不能保证一定会发现存在的重大错报。错报可能由于舞弊或错误导致，如果合理预期错报单独或汇总起来可能影响财务报表使用者依据财务报表作出的经济决策，则通常认为错报是重大的。

在按照审计准则执行审计工作的过程中，我们运用职业判断，并保持职业怀疑。同时，我们也执行以下工作：

1. 识别和评估由于舞弊或错误导致的财务报表重大错报风险，设计和实施审计程序以应对这些风险，并获取充分、适当的审计证据，作为发表审计意见的基础。由于舞弊可能涉及串通、伪造、故意遗漏、虚假陈述或凌驾于内部控制之上，未能发现由于舞弊导致的重大错报的风险高于未能发现由于错误导致的重大错报的风险。

2. 了解与审计相关的内部控制，以设计恰当的审计程序，但目的并非对内部控制的有效性发表意见。

3. 评价管理层选用会计政策的恰当性和作出会计估计及相关披露的合理性。

4. 对管理层使用持续经营假设的恰当性得出结论。同时，根据获取的审计证据，就可能导致对A公司持续经营能力产生重大疑虑的事项或情况是否存在重大不确定性得出结论。如果我们得出结论认为存在重大不确定性，审计准则要求我们在审计报告中提请报表使用者关注财务报表中的相关披露。如果披露不充分，我们应当发表非无保留意见。我们的结论基于截至审计报告日可获得的信息。然而，未来的事项或情况可能导致A公司不能持续经营。

5. 评价财务报表的总体列报（包括披露）、结构和内容，并评价财务报表是否公允反映相关交易和事项。

我们与治理层就计划的审计范围、时间安排和重大审计发现等事项进行沟通，包括沟通我们在审计中识别的值得关注的内部控制缺陷。

我们还就已遵守与独立性相关的职业道德要求向治理层提供声明，并与治理层沟通可能被合理认为影响我们独立性的所有关系和其他事项，以及相关的防范措施（如适用）。

从与治理层沟通的事项中，我们确定哪些事项对本期财务报表审计最为重要，因而构成关键审计事项。我们在审计报告中描述这些事项，除非法律法规禁止公开披露这些事项，或在极少数情形下，如果合理预期在审计报告中沟通某事项造成的负面后果超过在公众利益方面产生的益处，我们确定不应在审计报告中沟通该事项。

七、按照相关法律法规的要求报告的事项

根据现行法律法规对其他报告责任性质的规定，我们没有发现A公司在所审计期间有需要报告的其他事项。

××会计师事务所	中国注册会计师：（项目合伙人）	×××（签名并盖章）
（盖章）	中国注册会计师：×××	（签名并盖章）
中国·北京		××××年××月××日

（2）带强调事项段的无保留意见的审计报告

强调事项段指审计报告中含有的一个段落，该段落提及已在财务报表中恰当列报的事项，且根据注册会计师的职业判断，该事项对财务报表使用者理解财务报表至关重要。

如果审计报告中包含强调事项段，注册会计师应当采取下列措施：

1）将强调事项段作为单独的一部分置于审计报告中，并使用包含“强调事项”这一术语的适当标题。

2）明确提及被强调事项以及相关披露的位置，以便能够在财务报表中找到对该事项的详细描述。强调事项段应当仅提及已在财务报表中列报的信息。

3）指出审计意见没有因该强调事项而改变。

【例 8-2】以下为一份带强调事项段的无保留意见审计报告。

审计报告

B 股份有限公司全体股东：

一、审计意见

我们审计了 B 公司财务报表，包括 2021 年 12 月 31 日的资产负债表，2021 年度的利润表、现金流量表、股东权益变动表，以及财务报表附注（包括重要会计政策和会计估计）。

我们认为，后附的财务报表在所有重大方面按照企业会计准则的规定编制，公允反映了 B 公司 2021 年 12 月 31 日的财务状况以及 2021 年度的经营成果和现金流量。

二、形成审计意见的基础

（内容略，参见“例 8-1”有关内容。）

三、强调事项

我们提醒财务报表使用者关注，财务报表附注中描述了自 2021 年 3 月后，B 公司持有的短期投资股票出现大幅度下跌，这些股票如果在当年 5 月 10 日前转让，将导致 750 万元的投资损失。本段内容不影响已发表的审计意见。

四、关键审计事项

关键审计事项是我们根据职业判断，认为对本期财务报表审计最为重要的事项。这些事项是在对财务报表整体进行审计并形成审计意见的背景下进行应对的，我们不对这些事项单独发表意见。

我们在审计中识别出的关键审计事项汇总如下：

B 公司于 2021 年 10 月出售了 500 万股 L 公司股票，获利约 1 亿元，非经常性损益占 B 公司 2021 年净利润的 55%。

五、其他信息

董事会对其他信息负责，其他信息包括 B 公司 2022 年度发展战略报告中涵盖的信息，但不包括财务报表和我们的审计报告。

我们对财务报表的审计意见并不涵盖其他信息，我们也不对其他信息发表任何形式的鉴证结论。

结合我们对财务报表的审计，我们的责任是阅读其他信息，在此过程中，考虑其他信息是否与财务报表或我们在审计过程中了解的情况存在重大不一致或者似乎存在重大错报。

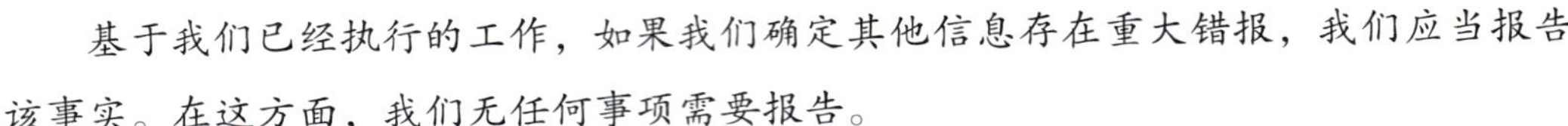

基于我们已经执行的工作，如果我们确定其他信息存在重大错报，我们应当报告该事实。在这方面，我们无任何事项需要报告。

六、管理层和治理层对财务报表的责任

（内容略，参见“例 8-1”有关内容。）

七、注册会计师对财务报表审计的责任

（内容略，参见“例 8-1”有关内容。）

八、按照相关法律法规的要求报告的事项

根据现行法律法规对其他报告责任性质的规定，我们没有发现 B 公司在所审计期间有需要报告的其他事项。

××会计师事务所　　中国注册会计师：（项目合伙人）　××× （签名并盖章）

（盖章）　　中国注册会计师：×××　　（签名并盖章）

中国 · 北京　　××××年××月××日

（3）带其他事项段的无保留意见的审计报告

其他事项段指审计报告中含有的一个段落，该段落提及未在财务报表中列报的事项，且根据注册会计师的职业判断，该事项与财务报表使用者理解审计工作、注册会计师的责任或审计报告相关。

如果在审计报告中包含其他事项段，注册会计师应当将该段落作为单独的一部分，并使用“其他事项”或其他适当标题。

【例 8-3】以下为一份带其他事项段的无保留意见的审计报告。

审计报告

C 股份有限公司全体股东：

一、审计意见

我们审计了 C 公司财务报表，包括 2021 年 12 月 31 日的资产负债表，2021 年度的利润表、现金流量表、股东权益变动表，以及财务报表附注（包括重要会计政策和会计估计）。

我们认为，后附的财务报表在所有重大方面按照企业会计准则的规定编制，公允反映了 C 公司 2021 年 12 月 31 日的财务状况以及 2021 年度的经营成果和现金流量。

二、形成审计意见的基础

（内容略，参见“例 8-1”有关内容。）

三、关键审计事项

关键审计事项是我们根据职业判断，认为对本期财务报表审计最为重要的事项。这些事项是在对财务报表整体进行审计并形成审计意见的背景下进行应对的，我们不对这些事项单独发表意见。

我们在审计中识别出的关键审计事项汇总如下：

C 公司于 2021 年 10 月出售了 1 000 万股 L 公司股票，获利约 3 亿元，非经常性损益占 C 公司 2021 年净利润的 65%。

四、其他事项

在审计过程中，我们发现 C 公司于 2020 年 12 月通过了在 2021 年实施了以降低产品销售价格来扩大市场占有率的经营策略，实施该策略导致 C 公司 2021 年利润减少 3 000 万元，提醒财务报表使用者关注。本段内容并不影响已发表的审计意见。

五、其他信息

（内容略，参见“例 8-1”有关内容。）

六、管理层和治理层对财务报表的责任

（内容略，参见“例 8-1”有关内容。）

七、注册会计师对财务报表审计的责任

（内容略，参见“例 8-1”有关内容。）

八、按照相关法律法规的要求报告的事项

根据现行法律法规对其他报告责任性质的规定，我们没有发现 C 公司在所审计期间有需要报告的其他事项。

××会计师事务所	中国注册会计师：（项目合伙人）	×××（签名并盖章）
（盖章）	中国注册会计师：×××	（签名并盖章）
中国·北京		××××年××月××日

2. 非无保留意见的审计报告

非无保留意见的审计报告又包括保留意见的审计报告、否定意见的审计报告和无法表示意见的审计报告。

当存在下列情形之一时，注册会计师应当在审计报告中发表非无保留意见：

一是根据获取的审计证据，得出财务报表整体存在重大错报的结论。

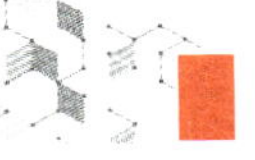

二是无法获取充分、适当的审计证据，不能得出财务报表整体不存在重大错报的结论。

（1）保留意见的审计报告

保留意见指注册会计师对被审计单位财务报表的反映有所保留的审计意见。一般是由于某些事项的存在，使无保留意见的条件不完全具备，影响了被审计单位财务报表的表达，因而注册会计师对影响事项提出保留意见，并表示对该意见负责。

当存在下列情形之一时，注册会计师应当发表保留意见：

1）在获取充分、适当的审计证据后，注册会计师认为错报单独或汇总起来对财务报表影响重大，但不具有广泛性。

2）注册会计师无法获取充分、适当的审计证据以作为形成审计意见的基础，但认为未发现的错报（如存在）对财务报表可能产生的影响重大，但不具有广泛性。

【例 8-4】以下为一份保留意见的审计报告。

审计报告

D 股份有限公司全体股东：

一、保留意见

我们审计了 D 公司的财务报表，包括 2021 年 12 月 31 日的资产负债表，2021 年度的利润表、现金流量表、股东权益变动表，以及财务报表附注（包括重要会计政策和会计估计）。

我们认为，除“形成保留意见的基础”部分所述事项产生的影响外，后附的 D 公司财务报表在所有重大方面按照企业会计准则的规定编制，公允反映了 D 公司 2021 年 12 月 31 日的财务状况以及 2021 年度的经营成果和现金流量。

二、形成保留意见的基础

D 公司 2021 年 12 月 31 日资产负债表中的应收账款金额为 91 581 360 元，应收账款中部分账龄已经超过 3 年，D 公司董事会对这些应收账款未计提坏账准备，这不符合企业会计准则的规定。如果董事会按企业会计准则要求计提坏账准备，则 D 公司 2021 年度利润表中资产减值损失将增加 11 802 560 万元，2021 年 12 月 31 日资产负债表中应收账款净额将减少 16 584 260 元，所得税、净利润和股东权益将分别减少。

我们按照中国注册会计师审计准则的规定执行了审计工作。审计报告的“注册会计师对财务报表审计的责任”部分进一步阐述了我们在这些准则下的责任。按照中国注册会计师职业道德守则，我们独立于 D 公司，并履行了职业道德方面的其他责任。

我们相信，我们获取的审计证据是充分的、适当的，为发表保留意见提供了基础。

三、关键审计事项

关键审计事项是我们根据职业判断，认为对本期财务报表审计最为重要的事项。这些事项是在对财务报表整体进行审计并形成审计意见的背景下进行应对的，我们不对这些事项单独发表意见。除“形成保留意见的基础”部分所述事项外，我们确定下列事项是需要在审计报告中沟通的关键审计事项（以下内容略）。

四、其他信息

董事会对其他信息负责，其他信息包括 D 公司 2022 年度销售规划报告中涵盖的信息，但不包括财务报表和我们的审计报告。

我们对财务报表的审计意见并不涵盖其他信息，我们也不对其他信息发表任何形式的鉴证结论。

结合我们对财务报表的审计，我们的责任是阅读其他信息，在此过程中，考虑其他信息是否与财务报表或我们在审计过程中了解的情况存在重大不一致或者似乎存在重大错报。

基于我们已经执行的工作，如果我们确定其他信息存在重大错报，我们应当报告该事实。本次审计，我们无法确定 D 公司其他信息是否存在重大错报。

五、管理层和治理层对财务报表的责任

（内容略，参见“例 8-1”有关内容。）

六、注册会计师对财务报表审计的责任

（内容略，参见“例 8-1”有关内容。）

七、按照相关法律法规的要求报告的事项

根据现行法律法规对其他报告责任性质的规定，我们没有发现 D 公司在所审计期间有需要报告的其他事项。

××会计师事务所	中国注册会计师：（项目合伙人）	×××（签名并盖章）
（盖章）	中国注册会计师：×××	（签名并盖章）
中国·北京		××××年××月××日

（2）否定意见的审计报告

否定意见的审计报告指与无保留意见相反，提出否定财务报表公允地反映被审计单位财务状况、经营成果和现金流量的审计意见。

在获取充分、适当的审计证据后，如果认为错报单独或汇总起来对财务报表的影响重大且具有广泛性，注册会计师应当发表否定意见。

【例 8-5】以下为一份否定意见的审计报告。

审计报告

E 股份有限公司全体股东：

一、否定意见

我们审计了 E 公司的财务报表，包括 2021 年 12 月 31 日的资产负债表，2021 年度的利润表、现金流量表、股东权益变动表，以及财务报表附注（包括重要会计政策和会计估计）。

我们认为，由于“形成否定意见的基础”部分所述事项的重要性，后附的 E 公司财务报表没有在所有重大方面按照企业会计准则的规定编制，未能公允反映 E 公司 2021 年 12 月 31 日的财务状况以及 2021 年度的经营成果和现金流量。

二、形成否定意见的基础

如财务报表附注 7“管理费用”部分内容所述，2021 年 E 公司与 LA 专业服务有限公司签订的《财务顾问服务协议》及其补充协议存在负责人落款处签名不一致，以及服务费未直接支付给 LA 专业服务有限公司的情况，鉴于协议签字及资金支付存在的问题无法核实，我们无法对该事项进行确认。

我们按照中国注册会计师审计准则的规定执行了审计工作。审计报告的“注册会计师对财务报表审计的责任”部分进一步阐述了我们在这些准则下的责任。按照中国注册会计师职业道德守则，我们独立于 E 公司，并履行了职业道德方面的其他责任。我们相信，我们获取的审计证据是充分的、适当的，为发表否定意见提供了基础。

三、其他信息

董事会对其他信息负责，其他信息包括 E 公司 2022—2026 年发展战略报告中涵盖的信息，但不包括财务报表和我们的审计报告。

我们对财务报表的审计意见并不涵盖其他信息，我们也不对其他信息发表任何形式的鉴证结论。

结合我们对财务报表的审计，我们的责任是阅读其他信息，在此过程中，考虑其他信息是否与财务报表或我们在审计过程中了解的情况存在重大不一致或者似乎存在重大错报。

基于我们已经执行的工作，如果我们确定其他信息存在重大错报，我们应当报告该事实。本次审计，我们确定 E 公司其他信息存在重大错报。

四、关键审计事项

除"形成否定意见的基础"部分所述事项外，我们认为，没有其他需要在我们的报告中沟通的关键审计事项。

五、其他事项

（内容略。）

六、管理层和治理层对财务报表的责任

（内容略，参见"例 8-1"有关内容。）

七、注册会计师对财务报表审计的责任

（内容略，参见"例 8-1"有关内容。）

八、按照相关法律法规的要求报告的事项

根据现行法律法规对其他报告责任性质的规定，我们发现 E 公司在所审计期间需要及时披露报告的其他事项，未能及时披露。

××会计师事务所　　中国注册会计师：（项目合伙人）　××× （签名并盖章）

（盖章）　　中国注册会计师：×××　　（签名并盖章）

中国·北京　　××××年××月××日

（3）无法表示意见的审计报告

无法表示意见不同于否定意见，它仅仅适用于注册会计师在审计过程中由于审计范围受到严重限制的情形。而要发表否定意见，注册会计师必须有足够的证据证实被审计单位财务报表表达不合法、不公允。

如果无法获取充分、适当的审计证据以作为形成审计意见的基础，但认为未发现的错报（如存在）对财务报表可能产生的影响重大且具有广泛性，注册会计师应当发表无法表示意见。

在极少数情况下，可能存在多个不确定事项。尽管注册会计师对每个单独的不确定事项获取了充分、适当的审计证据，但由于不确定事项之间可能存在相互影响，以及可能对财务报表产生累积影响，注册会计师不可能对财务报表形成审计意见。在这种情况下，注册会计师应当发表无法表示意见。

当出具无法表示意见的审计报告时，注册会计师应当修改描述注册会计师责任的有关内容。

【例 8-6】以下为一份无法表示意见的审计报告。

审计报告

F 股份有限公司全体股东：

一、无法表示意见

我们审计了 F 公司的财务报表，包括 2021 年 12 月 31 日的资产负债表，2021 年度的利润表、现金流量表、股东权益变动表，以及财务报表附注（包括重要会计政策和会计估计）。

我们不对后附的 F 公司财务报表发表审计意见。由于“形成无法表示意见的基础”部分所述事项的重要性，我们无法获取充分、适当的审计证据以作为对财务报表发表审计意见的基础。

二、形成无法表示意见的基础

F 公司未对 2021 年 12 月 31 日的存货进行盘点，账面金额为 8 180 万元，占期末资产总额的 76%。我们无法实施存货监盘，也无法实施其他替代审计程序，以对期末存货的数量和状况获取充分、适当的审计证据。

三、管理层和治理层对财务报表的责任

（内容略，参见“例 8-1”有关内容。）

四、注册会计师对财务报表审计的责任

我们的责任是按照中国注册会计师审计准则的规定，对 F 公司的财务报表执行审计工作，以出具审计报告。但由于“形成无法表示意见的基础”部分所述的事项，我们无法获取充分、适当的审计证据以作为发表审计意见的基础。

按照中国注册会计师职业道德守则，我们独立于 F 公司，并履行了职业道德方面的其他责任。

五、按照相关法律法规的要求报告的事项

根据现行法律法规对其他报告责任性质的规定，由于审计范围受到限制，我们无法发现 F 公司在所审计期间有需要报告的其他事项。

××会计师事务所　　中国注册会计师：（项目合伙人）　　×××（签名并盖章）

（盖章）　　中国注册会计师：×××　　（签名并盖章）

中国·北京　　××××年××月××日

二、按照审计报告的使用目的分类

1. 公布目的的审计报告

公布目的的审计报告一般用于对企业股东、投资者、债权人等非特定利益关系者公布，是附有财务报表的审计报告。

2. 非公布目的的审计报告

非公布目的的审计报告一般是为经营管理、合并或业务转让、融通资金等特定目的而实施审计的审计报告。这类审计报告会分发给特定使用者，如经营者、合并或业务转让的关系人、提供信用的金融机构等。

三、按照审计报告的详略程度分类

1. 简式审计报告

简式审计报告又称短式审计报告，是指审计人员对应公布的财务报表进行审计后所编制的简明扼要的审计报告。简式审计报告反映的内容是非特定多数的利害关系人共同认为的必要审计事项。其记载事项具有法律法规或审计准则所规定的特征，具有标准格式。简式审计报告一般属于公布目的的审计报告。

2. 详式审计报告

详式审计报告又称长式审计报告，是指对审计对象所有重要的经济业务和情况都要加以详细说明和分析的审计报告。详式审计报告主要用于指出企业经营管理存在的问题及帮助企业改善经营管理，故其内容要比简式审计报告丰富、详细。详式审计报告一般属于非公布目的的审计报告。

第三节　审计报告的编制

审计报告的编制是一项严格细致的工作。为确保审计报告的质量，审计人员应掌握编制审计报告的步骤和要求，认真做好审计报告的编制工作。

一、审计报告的编制步骤

审计报告一般由审计项目负责人编制。编制审计报告时，审计项目负责人应当仔细查阅审计人员在审计过程中形成的工作底稿，并检查审计人员的审计是否严格遵循了中国注册会计师执业准则的要求，检查被审计单位是否按照企业会计准则及国家其他有关财务法律法规的规定编制财务报表、进行会计核算等，使审计人员能够在按照中国注册会计师执业准则要求进行审计并形成一整套审计工作底稿的基础上，提出公正、客观、实事求是的审计意见。一般来说，编制审计报告的步骤如图 8-2 所示。

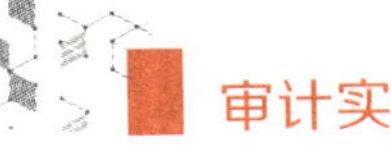

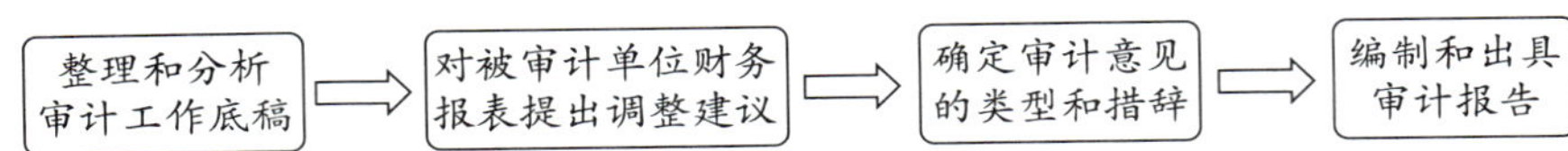

图 8-2　编制审计报告的步骤

二、审计报告的编制要求

为便于审计报告使用者根据审计意见判断被审计单位的财务状况、经营成果和现金流量，发挥审计报告的作用，审计报告的编制应符合下列基本要求：

1. 要素全面完整

审计报告的基本要素必须齐全。审计报告中的每一个要素都有其特定的含义和作用。如果这些要素缺失，审计报告就失去了它应有的意义。

2. 内容合法

审计人员编制和出具的审计报告必须符合《中华人民共和国注册会计师法》和中国注册会计师审计准则的规定。

3. 证据充分

审计人员经过审计后得到的审计结果要有充分的审计证据。充分的审计证据是减少审计风险的前提，否则审计报告所得出的审计意见将毫无意义。

4. 意见准确

审计人员经过审计后得出的审计意见应是真实准确的，通过审计报告将审计意见切实传递给审计报告使用者。

第四节　管理建议书

一、管理建议书的意义与作用

管理建议书是审计人员针对审计过程中注意到的、可能导致被审计单位财务报表产生重大错报或漏报的内部控制重大缺陷而提出的书面建议。根据现行审计准则要求，审计人员对审计过程中注意到的内部控制重大缺陷，应当告知被审计单位管理部门，必要时可出具管理建议书。

1. 管理建议书的意义

审计人员在审计过程中，能够了解被审计单位在内部控制及经营管理中可能存在的不足与缺陷。一般而言，在审计人员认为必要时，或者依据审计业务约定需要出具管理建议书时，应当出具管理建议书。管理建议书的内容应当描述准确，富有深度及建设性，对于被审计单位提高经营管理效率、改进管理有帮助，并从中反映审计人员的执业水平

与审计能力。因此，管理建议书所提建议的深度及效果，往往也是被审计单位是否聘任或委托会计师事务所进行业务审计的重要因素。

2. 管理建议书的作用

管理建议书的具体作用表现在两个方面。

（1）审计人员在审计过程中按规定需要检查被审计单位的内部控制系统和经营管理活动，能够了解被审计单位经营管理中存在的问题。通过管理建议书，审计人员可以针对内部控制和经营管理的弱点，提供进一步完善内部控制、改进会计工作、提高经营管理水平的参考意见。这种意见及时、有效，能促使被审计单位加强内部控制，改善工作。

（2）审计人员借助管理建议书，事前提出改进建议，可以把审计人员的法律责任降到最低程度。

二、管理建议书的结构与内容

在审计过程中，管理建议书应说明审计的范围、发现的内部控制及经营管理缺陷，以及对被审计单位如何改善内部控制和经营管理的改进建议。其主要结构及内容如下：

1. 标题

标题应当统一规范为“管理建议书”。

2. 收件人

管理建议书的收件人应当为被审计单位的管理部门。

3. 审计目的及管理建议书的性质

管理建议书应当指明审计目的是对财务报表发表审计意见。管理建议书仅指出了审计人员在审计过程中注意到的内部控制重大缺陷，不应被视为对内部控制发表的鉴证意见，所提建议不具有强制性和公正性。

4. 内部控制重大缺陷及其影响和改进建议

管理建议书应当指明审计人员在审计过程中注意到的内部控制系统设计及运行方面的重大缺陷，包括前期建议改进但本期仍然存在的重大缺陷。管理建议书应当指明内部控制重大缺陷对财务报表可能产生的影响，以及相应的改进建议。

5. 使用范围及使用责任

管理建议书应当指明其仅供被审计单位管理部门内部参考，因使用不当造成的后果，与审计人员及其所在会计师事务所无关。

6. 签名、盖章

管理建议书应当由审计人员签名，并加盖会计师事务所公章。

7. 日期

管理建议书应当注明日期。

三、管理建议书的要求

管理建议书针对被审计单位的内部控制和经营管理存在的缺陷，提出相应的改善建议。编制管理建议书，需要遵从管理建议书的相关基本要求。具体要求包括：整理与分析相关财务报表数据资料，查阅以前管理建议书并追查其执行结果，与被审计单位管理人员对有关问题进行研究讨论，并对各项工作结果和管理建议进行整理形成工作底稿，使管理建议书做到客观、合理。

【例 8-7】以下为一份管理建议书。

管理建议书

××股份有限公司董事会：

我们已对贵公司 2021 年度的财务报表进行了审计。我们的责任是根据我们的审计，对财务报表发表审计意见。我们提供的这份管理建议书，不在审计业务约定书约定项目之内，而是我们基于为贵公司服务的目的，根据审计过程中发现的内部控制问题而提出的。因为我们主要从事的是对贵公司年度财务报表的审计，所实施的审计范围是有限的，不可能全面了解贵公司所有的内部控制，所以，管理建议书中包括的内部控制重大缺陷，仅是我们注意到的，不应被视为对内部控制发表的鉴证意见，所提建议不具有强制性和公正性。

在审计过程中，我们了解了贵公司内部控制中有关会计制度、会计工作机构、会计人员职责、财产管理制度、内部审计制度等有关方面的情况，并进行了分析研究。我们认为，贵公司现有的内部控制总体上还是比较薄弱的，有的方面还存在着较严重的问题。现将我们发现的内部控制方面的某些问题及改进建议提供给你们，希望引起你们的注意，以便完善内部控制。

一、关于会计制度方面问题的评价及建议

贵公司的会计核算基本上能够反映经济业务，基本上遵守了国家有关会计制度的规定，会计凭证及会计处理方面基本符合有关要求。但在审计过程中，我们也发现了以下问题：

1. 会计科目设置欠妥

根据我国企业会计制度的规定，设置会计科目时，应符合会计制度的统一要求。只有会计制度中没有明确要求的科目，企业才可依据自身特点和管理需要设置。建议贵公司对照我国企业会计制度的规定，对原有会计科目作出必要调整。

2. 会计凭证不全

贵公司在发生销售退回时，只是填制退货发票，退款时没有取得对方的收款收据，会计人员仅根据退货发票进行了相应的会计处理。

根据我国会计制度的有关规定，我们已向有关人员提出这一做法的不当性。建议贵公司予以重视。

3. 银行存款清查不及时

贵公司的银行存款账目与银行对账单未按月核对，并编制银行存款余额调节表。经审计，由于没有按月编制银行存款余额调节表，不能及时了解未达账项，在一定程度上影响了财务分析工作。

二、会计工作机构、人员职责及内部稽核制度

贵公司会计工作机构不够健全，会计人员职责也不够明确。会计人员数量较少，每个人要承担多种职责，对于凭证的复核工作做得不仔细。在审计过程中，我们发现多个凭证无复核人的签名。我们认为，凭证是记录企业生产经营业务的基本资料，凭证的审核工作是进行会计核算的基本内容。建议贵公司予以重视。

三、财产管理制度

1. 存货管理存在的问题

贵公司存货占流动资产的比例过大。公司流动资产共 1 250 万元，其中存货约占88%，应当成为资产管理的重点。

我们建议贵公司注意以下几方面的工作：

(1) 认真做好存货的定期盘点工作

贵公司自上一会计年度终了对存货进行清查至今，再未进行过盘点。公司的存货账簿与我们审计中的抽查结果有较大差异。我们认为，只有及时掌握存货的实存情况，才能够加强对存货的管理，并及时处理相关问题。

(2) 积极处理积压产品

贵公司目前产成品达 660 万元，占全部存货的 60%。为了加快流动资产的周转，减少仓储成本和利息支出，建议贵公司强化市场预测，控制公司的生产销售，以加强对存货成本的控制。

2. 固定资产管理存在的问题

(1) 固定资产管理制度不健全

贵公司固定资产一般是根据实际需要购建的，对在用及未用固定资产的管理没有

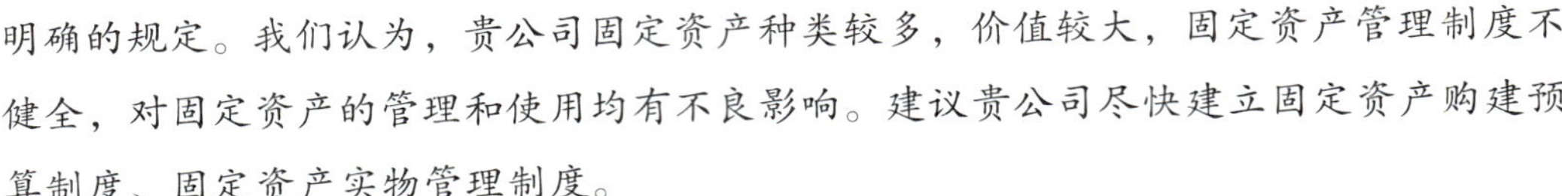

明确的规定。我们认为，贵公司固定资产种类较多，价值较大，固定资产管理制度不健全，对固定资产的管理和使用均有不良影响。建议贵公司尽快建立固定资产购建预算制度、固定资产实物管理制度。

（2）固定资产价值确定不及时

贵公司自开始投入固定资产，直至进入生产期，固定资产一直按估价入账。我们认为，贵公司的固定资产应按原价入账。作为投资的固定资产，应按投资时各方认定的价格入账；公司购入的固定资产，应按照原始价值入账。因此，贵公司对于已明确价格的固定资产，应及时进行账面调整。

（3）固定资产计提折旧的起始时间有误

贵公司从开始投入固定资产至今，一直在投入当月计提固定资产折旧。按规定，固定资产投入当月应不计提折旧，报废当月固定资产照提折旧。建议贵公司对固定资产折旧账目进行调整。

四、内部审计方面的问题

贵公司已经建立了内部审计机构和制度，在成立内部审计机构后，内部审计机构没有真正开展内部审计工作。我们认为，贵公司内部审计机构存在的主要问题是，人员配备比较薄弱，审计工作的组织不合理，与一些管理部门的配合存在问题。我们建议贵公司做好以下几个方面的工作：

1. 明确内部审计部门的职责范围，明确各部门的相互关系，明确内部审计的性质，使其他部门对内部审计部门的工作给予支持。

2. 目前内部审计部门只有一名审计人员，难以开展工作。贵公司应为审计部门充实1~2名从事审计工作的人员，并进行必要的培训。

对于上述内部控制问题，我们已经与有关管理部门或人员交换过意见，他们已确认上述问题的真实性。

本管理建议书只提供给贵公司。另外，我们是接受贵公司董事会的委托进行审计工作，根据他们的要求，请将管理建议书内容转达给他们。因管理建议书使用不当造成的后果，与本注册会计师及其所在会计师事务所无关。

中国注册会计师：×××（签名）

××会计师事务所（印章）

2022年1月30日

小结

本章介绍了审计报告与管理建议书的相关内容。通过学习，学生应理解审计报告与管理建议书编制的相关知识内容。

本章的重点是审计报告与管理建议书的内容及编制要求，难点是在不同背景资料下正确起草审计报告及管理建议书，出具不同的审计意见。

思考与练习

一、简答题

1. 审计报告有哪些类型？

2. 审计报告编制包括哪些步骤？

3. 管理建议书包括哪些内容？

二、案例分析题

以下是某审计报告的节选内容。

审计报告

G股份有限公司全体股东：

一、审计意见

我们审计了G公司财务报表，包括2021年12月31日的资产负债表，2021年度的利润表、现金流量表、股东权益变动表，以及财务报表附注（包括重要会计政策和会计估计）。

我们认为，后附的财务报表在所有重大方面按照企业会计准则的规定编制，公允反映了G公司2021年12月31日的财务状况以及2021年度的经营成果和现金流量。

二、形成审计意见的基础

（内容略。）

三、强调事项

我们提醒财务报表使用者关注，财务报表附注中描述了G公司所持短期投资股票如果在当年7月20日前转让，将导致500万元的投资损失。本段内容不影响已发表的审计意见。

四、关键审计事项

（内容略。）

五、其他信息

（内容略。）

六、管理层和治理层对财务报表的责任

（内容略。）

七、注册会计师对财务报表审计的责任

（内容略。）

八、按照相关法律法规的要求报告的事项

（内容略。）

根据以上资料，回答下列问题：

1. 该审计报告是哪种类型的审计报告？

2. 该审计报告具有哪些特征？请在相应段落进行标注。